U0111360

大展好書 好書大展

武術特輯
20

秘傳武當八卦掌

狄兆龍/著
高　飛

大展出版社有限公司
印行

八卦掌源流及其他（代序）

康戈武

　　由狄兆龍等先生整理編著的《秘傳武當八卦掌》問世
了，可喜可賀。此書旣系統介紹了史計棟先生傳留的八卦
掌絕技秘法，又輯錄了八卦掌的傳統歌訣，同時，還展示
了狄老及其師楊榮本（福源上人）的研習心得。技理兼
備，突出實用，堪稱是一部傳播八卦掌不可多得之力作。

　　八卦掌之所謂某式，乃八卦掌系的一個技術分支。技
術分支，是相對總體技術而言，分支匯綜，原本一流，溯
流而探，可見其源。鑒此，欲述史式八卦掌的來歷，免不
了從八卦掌的來源說起。

　　八卦掌，原名轉掌。這是一種把攻防招術和導引方法
融合於繞圓走轉之中的拳術。大約在清同治五年（1866
年）左右，河北文安朱家務人董海川（約1813～1882年）
始在北京傳出此術。時人多以「凡其所傳，皆平日所未聞
未睹者」（見光緒三十年《文安董公墓誌》），疑其術得
自神傳仙授。訛傳附會由是而生。

　　據近年考證所得，轉掌之源主要有三：其一是「幼以
武勇名鄉里，弱冠後技益精」（見《文安董公墓誌》）的

董海川氏幼習的拳技；其二是董海川氏因故南遊遇「道者」所得「煉神導氣之功」（同上）；其三是用來闡發轉掌義蘊的「易理」。這三個源頭，在當時追求技擊與健身統一，崇尚將拳理昇華入哲理的武術發展趨勢下，經董氏的創造性勞動和弟子們的協力，融爲一體，匯爲一流，形成了「以易理說拳理，藉八卦名掌術」的八卦轉掌——八卦掌。在不晚於淸光緒二十年（1894年）時，八卦掌由京津畿輔傳向全國各地，成了與太極、形意等拳宗齊名的一大流派。

隨著八卦掌流派的發展，相繼出現了一些技術分支。其中有的分支，早在董海川先生在世時，就已開出了端緒。武當史式八卦掌一支，即屬此列。

武當史式八卦掌，是以其傳自董海川名徒史計棟而命名。史氏（1837～1909年）字振邦，因排行居六，人稱史六。河北冀縣小寨村人。初從同邑彈腿名師秦鳳儀習腿法，得運腿之要，能連腿擊人。他進京開設義和木廠時，正值董海川名聲雀起，崛立武壇。遂求同村人尹福引見，引入董海川門下。

史氏尊師尊道，酷愛八卦掌。迎養董海川先生於家，朝夕追隨，得其精要。據載，董海川見史計棟入門後潛心鑽研轉掌，竟冷落了多年練成的腿功，爲之可惜，乃用八卦轉掌原理改編其用腿技法，使之成了融於繞圓走轉的八卦腿法。經此改編，史六之腿功愈精，快速而善變，發腿擊人，常出人意外。

武壇人士以其腿快，譽稱之爲「急腿史六」；或以其

莫測，戲稱之爲「賊腿史六」。

　　董海川的精心傳授和史計棟的獨到造詣，使得史計棟習傳的八卦掌技法，既不失八卦掌區別於其他拳種的基本特徵──八卦掌系各支的共性特徵，又具有區別與其師兄弟技法的個性特色。這種共性特徵，主要表現爲以繞圓走轉爲基本運動形式，以「避正打斜，以正驅斜」爲基本戰術原則，以「以動爲本，以變爲法」爲基本運動法則等三點。

　　史氏技法的個性特色，在技術內容上表現爲史氏具有經董海川改編而成的八卦腿法，以及其擅長拳技爲基礎成形的八大掌和六十四掌，在理論方面表現爲史氏以練腿用腿中悟得的體會要訣，充實了拳理。

　　既不失八卦掌的共性特徵，又具有突出的個性特色，乃是史計棟於八卦掌系中孕成一支的基本要素。史計棟技法賴此自成一支。其他如尹福、程廷華、張兆東等等八卦掌傳人，也皆是循此途徑各自成支的。各支的萌發，豐富了八卦掌的技理內容，促進了八卦掌體系的完善。

　　當前，八卦掌已遍傳海內外，造福人類。「飲水不忘掘井人，乘涼應思植樹翁」。故敘其緣起，以緬懷先賢貢獻，感射狄老集畢生之心血，在耄耋之年爲武壇添置了一部承前啓後的要籍。

1994年孟秋於北京

前　言

　　八卦掌是中國傳統武術拳種之一。這個拳種，是什麼時候，由什麼人創造的，無明顯文獻可考。清咸豐、同治、光緒年間，始由一代武術名家董海川先生（1798～1882年）把它傳到北京，經他倡導發展起來，盛行於世，流傳至今。

　　1883年（光緒九年）春所立董海川先生墓碑，載有弟子名姓57人，以入門先後排列（後被除去一名）及小門生11人。據李子鳴先生考查，還遺留有弟子9名，當時未能聯繫上。1882年夏，由弟子尹福、程廷華、梁振甫、劉鳳春、宋永年、魏吉、馬維祺、史立卿等8人署名建立一碑，此8人遂被後世稱為八卦掌派八大弟子。碑載董公背離鄉井南遊，得遇道門高人，授以八卦掌絕技。惜董公生時未將傳藝老師姓名道號告知眾弟子，以致姓名現為好事者傳說紛紜，學藝地點亦傳言不一。

　　筆者從師僧福源上人學藝，福師得師公史計棟老先生傳授，史公為董祖師第三位入室弟子，又係其乾女婿。董公老年由史迎養在家，躬親侍奉直至逝世，歿則為之營葬地，籌棺槨衣服之費，如同親人。

　　董公當年武技名揚京都。先生在肅王府當差，60歲時告老外出傳藝民間，從學者甚眾。所傳武藝，因材施教，所以現在流傳的八卦掌，雖同屬轉圓形，但其動作的組合

各不相同。八卦掌的名稱也幾經改易。初傳時其形態像手推石磨，叫「推磨圈」，被人稱爲「磨門」。及後發展成8個基本掌式，稱爲八掌，每一母掌，按其前後左右上中下發展，演練增加成六十四掌。因與易經中八卦的變化有類似處，董公後來便定其名爲「八卦掌」。現在也有人稱它爲八卦拳、八卦遊身掌、八卦連環掌、遊身連環八卦掌等等。

　　我是個八卦掌愛好者，70多年來鍛鍊不輟，深深體會到八卦掌鍛鍊，不僅增強了體質，防病治病；而且鍛鍊了人的意志，培養了良好的性情脾氣。學會了凡事要尊重客觀，克服主觀隨意性、表面性和片面性，故樂於向讀者推薦八卦掌這項武術體育鍛鍊項目。

　　在本書編寫過程中，始終得到《武當》雜誌社高飛同志的鼎力幫助和啓發，從整理文字、技術繪圖、編輯出版都花費了大量心血。同時也得到學生王永全、王華治、甘義江、李義芹、洪本烈等的大力支持和幫助，承蒙青年武術理論家康戈武副教授作序，青年美術家高迎新繪圖，得以是書順利出版問世，不勝感激，謹致謝意。筆者武術素養膚淺，理論水平有限，書中缺點很多，不當之處懇請廣大讀者批評指正，以便修訂補正。

作　　者

1995年冬月

目　錄

第一章

~~~~~~~~~~~~~~~~~~~~~

概　述

　　武當八卦掌是董海川先生第三位入室弟子史計棟先生所傳。史先生係河北冀縣小寨村人，在京開設義和木廠於東城，初學彈腿，後投拜於董公門下。董公暮年，無人照顧，先生將董公迎養至家，躬親侍奉。舊社會男女授受不親，爲了便於照顧董公生活，將自己妻子拜董公爲義父。董公逝世，爲之塋葬於北京東郊榛椒樹洪橋之南，80年代，遷葬於西郊萬安公墓。

　　史公敎人，要求極嚴格，外練形神，舒筋活絡，內練意識，導引行氣。以意領氣，以氣促動，以動成形，以眼顯神。從實踐出發，用啓發式引證敵情觀念，對每一動作，層層剖解，不但要知其然，而且還要知其所以然，加以勤學苦練，養成條件反射，意動形成，意氣神形合一。搏鬥時做到膽大心細，戒除恐懼，意氣領先，神形兼備，呼吸順遂，感應靈敏，反應迅速，恰當合拍。

　　武術，是中國特有的一項體育活動，在古代是強身禦侮的自衛術。它的每一動作，都含攻防意義，既須練精練熟，尤宜悟其原理。練時要深研、窮究，舉一反三地探索追求，在運用時做到能攻善守，當機立發，不放過一切有利時機。八卦掌極重步法訓練，運用中以步法轉移，讓出被攻擊的目標，隨走隨攻，走即是攻，隨攻隨化，攻中寓化。一切從「走」上著想的游擊戰術，是八卦掌最重要的戰術和訓練方法。

　　八卦掌應敵，先發制人，爭主動，兵貴神速，發若雷霆，快如閃電。若處劣勢，則被動中爭主動，後發先至，捷徑先到。師成法而不固守成法，有定理無定法，因敵變化，機動善變，靈活應用，有的放矢。

第二章

八卦掌訓練要領和特點

㈠、外形的特點

一般武術都是直來直去的套路形式。八卦掌鍛鍊時是擺好「射箭式」形態，像一手推弓把，一手拉弓弦。在它的鍛鍊要領下，全身鬆開，蹲身躬腿蹚泥步走圓圈，刻苦訓練兩條腿，靈活運用兩條腿，對步法要求特別高。

搏鬥時，在斜橫進退的過程中，轉移閃讓，出擊進攻，發揮步法制勝。另一方面，轉圈時，活動循環往返，斷而復連，周而復始，兩側肢體都經訓練，無偏廢之弊，可得兩側同時提高之益。

㈡、怎樣訓練技擊

訓練要從難從嚴，從實際出發。首先是把基本功按照規範要求練得純熟，動作講究勢勢相承，著著貫串，上下相隨，一氣呵成。進一步鍛鍊相互配合關係。有時足隨手運，手法變動，領著步法斜橫進退，往返擺扣，轉移閃讓；有時手隨足動，步法轉移，帶著手屈伸摺疊，開張收合，防禦進攻。同時身法轉動，促使手腳跟著擺扣進退，攻擊解化，手法步法變動，領著身腰撐閃旋轉扭繞滾翻，做到全身上下左右渾然一體，一動俱動。

眼的作用是鼇望偵察，判斷敵情，訓練時眼隨主要動作轉移視線，運用時，手腳身腰依據眼睛的反映，因勢發動，做出符合適應對方的動作。腿法的應用是用腳進行攻擊或防禦，強調腳來腳化。有「拳打三分，腳踢七分，拳打不知，腳踢不防」的諺語。

㈢、訓練大腦

這種訓練法，歷來稱做「內外合一練法」。是使大腦受到外界刺激時，對外界的刺激感應靈敏，反應迅速，適應外界來的活動，判斷正確，處理及時，應付恰當，動作合理，達到所謂「懂勁」。

一般人談起「內外合一」認爲非常神奇，有些人還故弄玄虛，故神其說，其實很合乎科學，說穿了就是鍛鍊時要考慮動作的意義和作用。動作爲什麼要這樣動，要弄懂弄通弄清楚，更要弄清楚它的活動規律和變化規律。

㈣、呼吸與動作的配合

八卦掌鍛鍊呼吸密切配合動作。當鍛鍊開始時先呼氣，吐出腹內含二氧化碳的廢氣，再吸入新鮮空氣。用鼻呼鼻吸，舌抵上腭，以意識引導，把氣運到小腹，術語所謂「氣沉丹田」。

在生理學上，氣只能在呼吸系統內進出，不能溢出肺部外面。當我們擺好「射箭式」姿態走圈時，要頭頂頜勾，尾閭中正，腰部塌好，臀部不突起，姿勢正確，呼吸時，小腹部就感到有種輕微的一鼓一縮活動。經過一段時期的鍛鍊，隨著意識的引導，腹式呼吸逐步形成，小腹鼓縮活動更趨明顯，同時還感到像有一種東西在體內升降的現象，呼氣時像由督脈下降，吸氣時由任脈上升，循環往復不息。

這種走圓形訓練，有人稱它叫「活椿步」。又因配合

腹式呼吸，像有節奏地做氣功，也被稱做「活步氣功」。

㈤、戰略思想

一、尊重客觀，不強調主觀，所謂「捨己從人」。自己的一切活動，都是爲了適應對方而採取的措施。

二、要爭取主動權，尤其是在被動中爭取主動，否則，不能從被動中解脫，就會形成武術成語中所謂的「只有招架之功，全無還手之能」，等著挨打。

㈥、戰術思想

游擊戰術，不擋不架，引進落空，避實擊虛，以走爲主，出其所不趨，趨其所不意，視前忽後，行蹤飄忽。

㈦、鍛鍊過程

八卦掌鍛鍊過程可分爲兩個階段。第一個階段，苦練基本功。把動作練得純熟精通，特別是步法的變化，要創造條件，過技術關。第二個階段，掌握了基本功後，要考慮動作的作用，練動作的變化，從主動和被動兩方面著想，摸索它的作用和變化規律，怎樣應用它，用什麼方式來訓練它。八卦掌的各個動作，都是訓練的規範，假設的攻防搏鬥規劃，練以備戰，練以應戰。對方不會按照我的訓練作戰方案搏鬥，我若死搬硬套，便不合實際。

因此，八卦掌的戰略理論指導，強調尊重客觀，要符合實際，因人因勢變化。在鍛鍊時，既要熟練備戰，還要開動思想機器，研究應變方式方法。變要有目的地變，要

順從客觀實際，有的放矢，學會善於變化，敢於創新的能力。另一方面，千變萬化是動態的形式，理論原則、動作要領是不變的。如果平常鍛鍊沒有應變的思想準備和善變素養，在搏鬥臨陣時，往往措手不及，處於被動。

搏鬥時，雙方動作是變幻莫測的，各有各的作戰策略和方案，但由於生理、物理、力學等條件，也有一定的活動規律。因此，適應對方，在事物發展過程中，要依據客觀規律指導，情況不同，決定著不同的指導規律，一切的指導規律，是按照情況發展而發展的。務使主觀符合客觀實際，離開了實際談武術的戰術，等於緣木求魚。

(八)、感　應

感應能力是從視學中偵察得來的，要不斷訓練眼睛的洞察力。走掌訓練時眼全力注視伸掌的虎口，活動變換時隨主要肢體轉移視線，要含威有神，專注一方，動作的精神氣勢常在眼神上表現出來。有素養的武術家，能在對手活動時和靜止的狀態下，迅速發現對方意圖，報於神經中樞，做好準備，能防患於未然。

(九)、反　應

神經中樞獲得眼睛的反映，及時選擇對策，指示正在活動或靜止的肢體準確應變。這種情況下，自己的行動往往要中途改變以適應客觀。這種改變行動的能力，要經過長期艱苦鍛鍊，始能在各種複雜的環境中迅速改正判斷，重整旗鼓。

這種靈活機動迅速改轍的活動，是長期不斷訓練中養成的條件反射，遇到這種客觀情況，不自覺地引起條件反射，信手而發，及時迅速恰當地做出反應。

㈩、膽　識

善於拼搏：武術的搏鬥須具備武技條件，而敢於拼搏，善於拼搏也是一個重要因素。善於拼搏者，不拼蠻幹，能以小力勝大力，以機智技巧制勝。敢於拼搏者，勇往直前，先聲奪人，一夫當關，萬夫莫敵，以膽識勇力制勝。

第三章

~~~~~~~~~~~~~~~~~~~~~~~~~~~~

基本動作說明

(一)、主要步型

八卦掌步：兩足斜並行，一足在前，一足在後，相距約一尺，前足虛，後足實，實足載重維持重心，虛足便於轉換走動。如右足在後，則右腿屈膝蹲下，足跟與右臀右肩成垂直；左腿屈膝成虛步，足根與左膝成垂直，腰極度向左扭旋，身隨腰左轉，頸項也向左扭旋，舒胸、塌腰、鼓腹、氣沉丹田，頭頂、頷勾、尾閭中正，眼平視。

扣步：兩足足尖相合，足跟稍開成等邊三角形步。

擺步：一足足尖，一足足跟相合成三角形步。

上步：兩足前後立，後足上步越過前足。

進步：兩足前後立，仍前足出步。

撤步：兩足前後立，前足退步至後足後。

退步：兩足前後立，仍後足退步。

收步：兩足前後立，前足退至後足前。

跟步：一足上步或進步，另一足跟隨於後。

兩足並立，任何一足跨出，叫「出步」，向前出步，叫「前出步」，向後出步，叫「後出步」，向左右出步，叫「橫出步」，左橫出步，右橫出步。由其它步型變成二足尖相合，叫「扣步」。

由其它步型變成一足尖與另足中跟相合，叫「擺步」。

繞步：一足擺步，一足隨著轉270°落地成弓步或馬步。

插步：一足橫出越過另一足，叫「插步」。在前越過

叫「前插步」，在後越過叫「後插步」。

㈡、主要手型

仰掌：手掌向上，手背向下，手指併攏，拇指中立位，貼靠食指。

覆掌：手掌向下，手背向上，手指併攏，拇指中立位，貼靠食指。

立掌：拇指向上，小指在下，手指併攏，拇指中立位，貼靠食指，手掌向內，手背向外。

倒立掌：小指外側向上，虎口向下，手指併攏，拇指貼靠食指，手掌向外，手背向內。

倒仰掌：臂扭至肘向上，手掌向上，手指併攏，拇指貼靠食指，手背向下。

豎掌：五指俱向上，拇指與食指成半環形。

拳：手指抓緊，拇指在食指、中指外。

勾手：手腕下屈，手指俱併攏向下，拇指與食指、中指相貼接。

㈢、主要手法運用

穿掌：立掌經另一臂肘下平穿，叫平穿掌。經另一臂腋下上穿直升成倒仰掌，叫上穿掌。

探掌：仰掌斜向上伸出，以指尖觸人。

覆探掌：覆掌斜向上伸出，以指尖觸人。

挑掌：立掌手指併攏朝上，屈前臂由肘帶動成弧形回至肩前，成一向上立體弧形活動。

勾掌：立掌屈腕下垂，手指併攏向下，以肘帶動前臂及勾手向自己同側膝下回勾，成一向下立體弧形活動。

劈：自上立體弧形向下劈。

劈掌：立掌劈擊。

劈捶：握拳，虎口朝上直劈下。

背掌：手掌朝上，臂平面弧形活動，以拇指食指橫擊出。

背捶：握拳，手背朝下，手掌朝上，自上向下成向上立體弧形下擊。

閉身：臂內旋下垂，手背朝外，拇指向下，小指在上，成倒立掌，由肩帶動，爲左臂垂側經腹前向右，右臂則經腹前向左，同時配合扣步。

擺：以前臂擺一立體圓形，握拳擺動叫擺捶，仰掌擺動叫擺臂，也叫擺掌。

搬：立掌平面弧形向內活動。

攔：覆掌平面弧形向內活動。

抄：仰掌經頜下沿對側臉外上穿。

帶：抄手後抓成拳向下摔，也叫摔手。

迎：仰掌自下斜形向上。

滾：前臂屈成90°，在身肩的帶動中向下滾壓。

摟：臂下垂，手掌向下循小指方向弧形活動。

纏：以手腕帶動手掌向內弧形轉動。

靠：以肩撞擊。

推：以掌推出，使其失去重心。

托：以手掌托其向上。

領：抓住引其向上。

剪：兩掌或兩臂相合擊，破壞對方上肢。

攬：雙臂下垂，自下弧形至上。

攬：繼承攬的活動，同時還要攬住，使其不能活動。

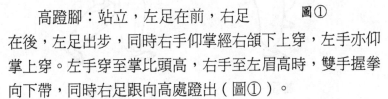

㈣、主要腿法練習

高蹬腳：站立，左足在前，右足 圖①
在後，左足出步，同時右手仰掌經右頷下上穿，左手亦仰掌上穿。左手穿至掌比頭高，右手至左眉高時，雙手握拳向下帶，同時右足跟向高處蹬出（圖①）。

蹬腳：左前右後站立，左足出步，左手摟腰，右腳平蹬出，右臂隨右足上挑（圖②）。

後蹬腳：左前右後站立，左足擺步，右足扣步，回身右足跟向原方向下蹬出（圖③—1、③—2、③—3）。

圖②　　　　　　圖③—1

圖③—2　　　　　　圖③—3

　　膝打：左前右後站立，左足出步，右膝提起撞擊（圖
④）。

　　踩：左前右後站立，左足出步，右足提起以腳內側踩
踢（圖⑤）。

　　掃踢：左前右後站立，左足出步，右手仰掌經右頰下
向左耳部上穿，左手仰掌上穿，左手穿至比頭高，右手至
左耳上時，雙手向左帶，同時右腿繃腳伸直，向左下弧形
掃踢（圖⑥）。

　　順步潭：腿繃腳伸直向前踢出，高至與膝平。

　　橫踩腳：以腳外側橫擊踢人（圖⑦）。

　　外擺腿：右足立體高弧形，自左向右以腳外側踢擊
（圖⑧、圖⑨）。

圖④　　　　　　　　　　圖⑤

圖⑥　　　　　　　　　　圖⑦

圖⑧   圖⑨

第四章

❦❦❦❦❦❦❦❦❦❦❦❦❦

八卦掌運作圖說

　　八卦掌在走圓圈中鍛鍊，初練時畫一圓形，直徑爲人兩手平伸，依圖邊線站立，以左手左足在圈內爲例。要求：頭頂頷勾，舌抵上腭，鼻呼鼻吸，塌腰實腹，尾閭中正，左臂向圈內伸直在前，右臂屈曲在後，兩腕內旋豎掌，手指上翹，虎口圓撐，掌心凹。

　　左臂虎口高與眼平，眼注視虎口，右臂在下在後，屈肘90°橫於胸前，手掌置於右肘下，所謂手不離肘，肘不離手，成單換掌左式手型步型。

　　頸項左扭，眼視左掌，全身鬆開，意念集中，躬腿蹲下，蹲得愈低，運動量愈強。

　　依圖，走圈，走蹚泥步，足尖不要抬起，腳跟也不可提高，好像行走在泥濘的土地上，戰戰兢兢防止滑跌的樣子。內圈足走時，全腳踏在線上，外圈足走時，足尖前三分之一落在線上，後三分之二在線外，如此不斷訓練行步，行走時配合呼吸，先呼後吸，一步一呼，一步一吸。當後足越過前足時，兩膝要相挨接觸而過，叫剪子股。

　　不斷行進中，兩膝相繼接挨而過，步伐不能忽高忽低呈波浪狀。練至臂有麻木感時換掌。

　　右式單換掌手型足型，右手右足在圈內，右臂伸直在前，左臂屈曲在後，左掌在右肘下，一切要求行步與左式同，不斷交替訓練。

練習說明

　　身直立，左足在圈內，右足在圈外，兩臂下垂，眼前視（圖⑩）。

圖⑩　　　　　　　　　圖⑪

　　屈腿下蹲，右足出步，右臂立掌上抬至與肩平，再向左搬動45°，眼視右手（圖⑪）。

　　左足上步成右實左虛步，左手經右肘下立掌平穿，眼視左手（圖⑫）。上動不停，左臂繼續向上弧形經面前向左，右手收於左肘下，眼隨左手注視（圖⑬）。

　　右足上步，手不動（圖⑭）。左足上步，手不動（圖⑮）。如此不斷用蹚泥步行走，訓練兩腿，到臂有發麻感覺，左足在前時換式。

　　換式時，左足扣步，兩足尖相合成三角形，手不動，眼向左平視（圖⑯）。

　　左足出步成右實左虛步，右手平穿掌，眼視右手（圖⑰）。

圖⑫　　　　　　圖⑬

圖⑭　　　　　　圖⑮

　　右足上步成左實右虛步，手不動，眼視右手（圖
⑱）。

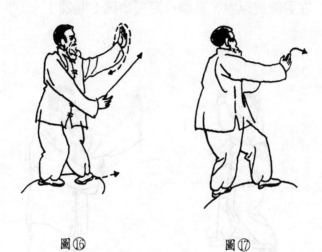

圖⑯　　　　　　　　圖⑰

　　步不動，右臂向上弧形向右，左手向下移至右肘下，
眼視右手（圖⑲）。

圖⑱　　　　　　　　圖⑲

左足上步，手不動（圖⑳）。

在習練過程中，掌型一定要準確（圖㉑）。

圖⑳　　　　　　圖㉑

第一掌　單換掌

1. 單換掌

口訣：

出手順敵意，

提防左右攻，

敵退前足起，

敵進後足行。

⑴左式單換掌，走至左足在前時（圖1—1—①），右

足扣步，腰向左轉，手不動（圖1—1—②）。左足回頭，向左出步成左弓步，右臂立掌，自左肘下平穿掌，眼視右掌（圖1—1—③）。

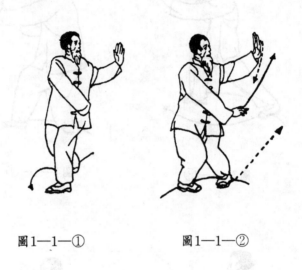

圖1—1—①　　　　　　圖1—1—②

　　上動不停，右足上步成左實右虛步，右臂隨步動前進，眼視右掌（圖1—1—④）。兩腕外旋成仰掌（圖1—1—⑤）。身向右轉帶同兩臂弧形向右，兩腕內旋成豎掌稍下壓，換成右臂推弓把，左臂拉弓弦姿態，以後簡稱換式，視線隨右掌轉移（圖1—1—⑥）。

　　註：八卦掌每一掌式都須左右訓練，說明左式活動過程，便能明瞭右式過程，故從簡只有左式。說明視線時，如下式視線未移，則不加說明。

圖1—1—③　　　　　圖1—1—④

圖1—1—⑤　　　　　圖1—1—⑥

2. 反壓掌

　　左式單換掌，走至右足在前(圖1－2－①)。左足外扣步帶同左臂平面弧形活動180°。移動向圈外，手型不變，眼隨左掌注視(圖1－2－②)。右足出步成左實右虛步，右掌自左肘下平穿掌，左臂同時抽回，掌收於右肘下，眼視右掌，以後簡稱平穿掌(圖1－2－③)。步不動，兩臂外旋成仰掌(圖1－2－④)。換掌成右式(圖1－2－⑤)。

圖1－2－①

圖1－2－②

圖1－2－③

圖1—2—④　　　　　圖1—2—⑤

3. 纏腕跨掌

　　左式單換掌，走至右足在前（圖1—3—①）。左足擺
步，重心移於左足，左臂腕內旋，肘關節上提，手掌斜向
下，手背向內，以下簡稱左腕內旋，同時腰向左扭，要求
步、腰、腕一動俱動，配合協調，方能得機得勢，眼視左
腕（圖1—3—②）。承上勢，上右步成馬步，右掌由左腋
下向右膝外覆掌擊人，左掌覆掌分開於左膝外，眼視右掌
（圖1—3—③）。

　　右足上步成左實右虛步，右手平穿掌，眼視右掌（圖
1—3—④）。雙腕外旋成仰掌（圖1—3—⑤）。換掌成右
式（圖1—3—⑥）。

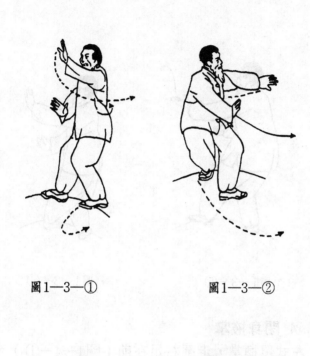

圖1—3—①　　　　　　圖1—3—②

圖1—3—③　　　　　　圖1—3—④

圖1—3—⑤　　　　　　圖1—3—⑥

4. 閉身掖掌

　　左式單換掌，走至右足在前（圖1—4—①）。足不動，左腕內旋成倒立掌，拇指向下，小指在上，眼視左掌（圖1—4—②）。左足扣步，左臂下垂隨步腰右移，叫閉身，同時右掌上穿，腕內旋，手背向左臉部，眼仍視圈內（圖1—4—③）。

　　同時出右步成馬步，右掌自左臉處向右下掖掌至右膝外，左掌分開於左膝外，眼視右掌（圖1—4—④）。掖掌以掌根擊人，跨掌以小魚際擊人。右出步成左實右虛步，右平穿掌，眼視右掌（圖1—4—⑤）。雙腕外旋成仰掌（圖1—4—⑥）。換掌成右式（圖1—4—⑦）。

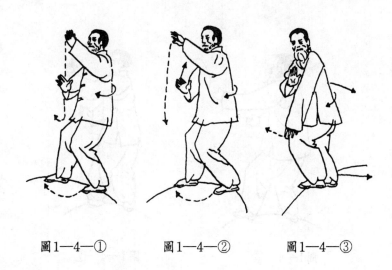

圖1—4—①　　　圖1—4—②　　　圖1—4—③

圖1—4—④　　　　　　圖1—4—⑤

圖1—4—⑥ 圖1—4—⑦

5. 托掖掌

左式單換掌，走至左足在前（圖1—5—①）。右足橫出步，左足跟步收於右足旁虛點，左臂外旋成仰掌。上動不停，左臂屈肘掌托至左側臉旁，眼視左掌（圖1—5—②、圖1—5—③）。左足外扣步，身右順轉帶同左臂越過頭部摟右肩，右臂不動，眼隨左手注視（圖1—5—④）。

右足出步成馬步，右手自左腋下掖掌至右膝下，左掌分開於左膝外，眼視右掌（圖1—5—⑤）。右出步成左實右虛步，右平穿掌，眼視右掌（圖1—5—⑥）。雙腕外旋成仰掌（圖1—5—⑦）。換掌成右式（圖1—5—⑧）。

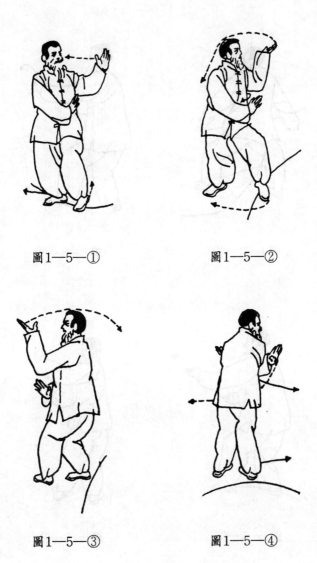

圖1—5—①　　　　　　圖1—5—②

圖1—5—③　　　　　　圖1—5—④

圖1—5—⑤　　　　圖1—5—⑥

圖1—5—⑦　　　　圖1—5—⑧

6.抽身撞掌

　　左式單換掌，走至左足在前（圖1—6—①）。右足橫
出步，左足跟步成右實左虛步，手不動（圖1—6—②）。
左足斜出步，左手略向左搬，眼仍注視左手（圖1—6—
③）。

圖1—6—①　　　　　　　　圖1—6—②

　　右足上步至左足旁，似停非停，右掌自左肘下穿出，
左掌抽回於右掌後，右掌心向左，左掌心向右，眼視右掌
（圖1—6—④）。承上勢，右足立即向前方斜上步，左足
跟步，帶同身體催助臂力雙撞掌，兩掌十指向上，以小魚
際肌撞擊。以上三動一氣相承，不要有停滯現象（圖1—
6—⑤）。左足回身向左出步，左摟手，眼隨左手注視
（圖1—6—⑥）。

圖1—6—③   圖1—6—④

圖1—6—⑤   圖1—6—⑥

右出步成左實右虛步，右手穿掌，眼視右手（圖1—6—⑦）。雙臂外旋成仰掌（圖1—6—⑧）。換掌成右式（圖1—6—⑨）。

圖1—6—⑦　　　　　　　圖1—6—⑧

圖1—6—⑨

7. 摟走龜形掌

左式單換掌，走至左足在前（圖1—7—①）。右足退步，左足跟步，左前臂屈肘，自左經臉前弧形摟至左膝外，再高摟於左上，眼隨手注視（圖1—7—②、圖1—7—③）。

圖1—7—①　　　　圖1—7—②　　　　圖1—7—③

右足扣步，右手經左腋下向上穿挺直，手掌朝上，左手收於右腋下，手背貼身，眼隨右掌上視（圖1—7—④）。步不動，腰向左扭旋，兩手腕下垂，左肘提高，眼視左腕（圖1—7—⑤），承上勢，左足向後插步，與右足小趾相合，成三角形步，身隨步動左轉，左腕翻於左腋下，屈腕手掌朝上，手指向左；右掌至右頦下（圖1—7—⑥）。

上動不停，身繼續左轉，步轉成兩足平行，左臂反仰掌伸直；右手仰掌由右頦下至左臉旁，掌心向臉，眼視左

圖1—7—④　　　　　　圖1—7—⑤

掌（圖1—7—⑦）。步不動，左腕外旋成仰掌，腰向右轉
帶同右掌經面前弧形向右，同時左掌經胸前穿至右肘下，

圖1—7—⑥　　　　　　圖1—7—⑦

兩手掌俱向上，眼視右臂（圖1—7—⑧）。兩腕內旋成掌，換成右單換掌（圖1—7—⑨）。

圖1—7—⑧　　　　　　　圖1—7—⑨

8. 反壓攬攬反削掌

左式單換掌，走至右足在前（圖1—8—①）。左足外扣步，帶同左臂平面弧形向右活動180°，左臂移動至圈外，手型不變，眼隨左掌注視（圖1—8—②）。步不動，右腿提高，兩腕俱外旋成仰掌（圖1—8—③）。右足向右外擺腿，右臂隨同向右換成弧形換掌，眼隨右腳注視。以上兩動合成一圓形（圖1—8—④）。

右足落地，成右單換掌（圖1—8—⑤）。左足退步，右足跟步，雙臂下垂移向左，眼視雙臂（圖1—8—⑥）。右足進步，左足跟步，雙臂由左下弧形攬向上，眼視雙臂（圖1—8—⑦）。右足扣步，右臂下垂，自右向左經小腹

前閉於右膝前，左臂仰掌高挺於肩上，眼視左臂（圖1—8—⑧）。

圖1—8—①　　　　　　圖1—8—②

圖1—8—③　　　　　　圖1—8—④

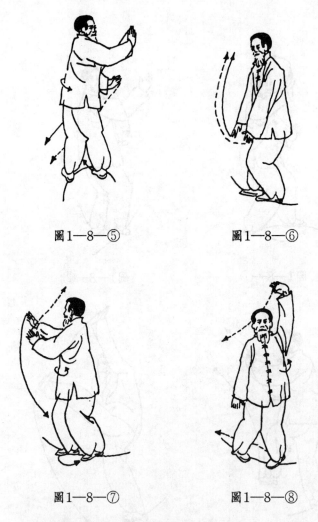

圖1－8－⑤　　　　　　圖1－8－⑥

圖1－8－⑦　　　　　　圖1－8－⑧

　　回身左足後出步，虛點成右實左虛步，左臂自右向下反削向左上成一立體半圓，高與肩平，面向圈內，眼視左

掌（圖1—8—⑨）。右足上步成左實右虛步，右平穿掌，
眼視右掌（圖1—8—⑩）。雙腕外旋成仰掌（圖1—8—
⑪）。換掌成右式（圖1—8—⑫）。

圖1—8—⑨　　　　　　　　圖1—8—⑩

圖1—8—⑪　　　　　　　　圖1—8—⑫

第二掌　走身掌

9. 走身掌

口訣：

敵進我走避銳鋒，

讓出地位引落空，

回首一擊常切中，

敗中取勝時有功。

　　左式單換掌，走至左足在前（圖2—1—①）。右足扣步，腰向左轉，手不動（圖2—1—②）。左足回頭向左出步成左弓步，右手平穿掌，眼視右掌（圖2—1—③）。右

圖2—1—①　　　　　　　圖2—1—②

足斜上步，左足跟步成扣步，身體左轉回身，右臂上穿成仰掌，左臂屈肘於胸前，左掌在右腋下，手掌向外，身體直立，眼視左前方（圖2─1─④）。

　　左足橫出步成弓步，左手摟向左膝，眼視左手（圖2─1─⑤）。右足上步成左實右虛步，右手平穿掌，眼視右手（圖2─1─⑥）。雙腕外旋成仰掌（圖2─1─⑦）。換掌成右式（圖2─1─⑧）。

圖2─1─③　　　　　　　　圖2─1─④

圖2—1—⑤

圖2—1—⑥

圖2—1—⑦

圖2—1—⑧

10. 走身回頭掌

　　左式單換掌，走至左足在前（圖2—2—①）。右足扣步，腰向左轉，手不動（圖2—2—②）。左足回頭向左出步成左弓步，右手平穿掌，眼視右掌（圖2—2—③）。右足扣步，身向左轉回身，右臂上穿成仰掌，左臂屈肘於胸前，左掌在右腋下，手掌向外，身直立，眼視左前方（圖2—2—④）。

　　左足橫出步成左弓步，左手摟向左膝，眼視左前方（圖2—2—⑤）。右足上步成左實右虛步，右手平穿掌，眼視右手（圖2—2—⑥）。雙腕外旋成仰掌（圖2—2—⑦）。換掌成右式（圖2—2—⑧）。

圖2—2—①　　　　　　　圖2—2—②

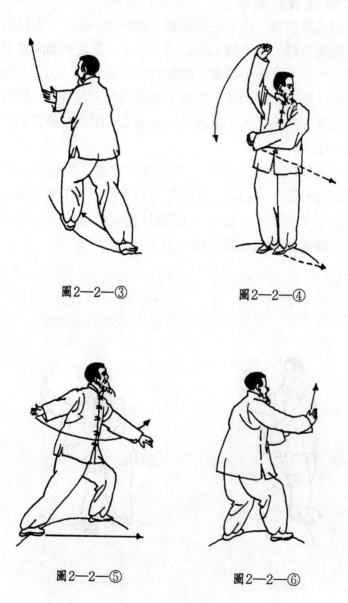

圖2—2—③   圖2—2—④

圖2—2—⑤   圖2—2—⑥

圖2—2—⑦　　　　　圖2—2—⑧

11. 走轉身掌

　　左式單換掌，走至右足在前（圖2—3—①）。左足擺步，手不動（圖2—3—②）。右足扣步，腰向左轉身，右

圖2—3—①　　　　　圖2—3—②

臂上穿成仰掌，左臂屈於胸前，左掌在右腋下，手掌向外，身直立，眼視左前方（圖2—3—③）。

左足出步成左弓步，右手摟向左膝，眼視左前方（圖2—3—④）。右足上步成左實右虛步，右手平穿掌，眼視右手（圖2—3—⑤）。雙腕外旋成仰掌（圖2—3—⑥）。換掌成右式（圖2—3—⑦）。

圖2—3—③　　　　　圖2—3—④

圖2－3－⑤　　　　　　　　圖2－3－⑥

圖2－3－⑦

12. 走身背掌

　　左式單換掌，走至右足在前（圖2—4—①）。左足擺步成左實右虛步，手不動（圖2—4—②）。右足上步成右弓步，右手在左肘下平穿掌，眼視右掌（圖2—4—③）。左轉回身成左弓步，左臂手掌朝上，隨身步動，平面弧形背掌，眼視左手（圖2—4—④）。

圖2—4—①　　　　　　　圖2—4—②

　　左前臂向上屈成直角，自左向右括至臉右側，左足同時收於右足內側直立，眼視左手（圖2—4—⑤）。左足出步成左弓步，左手摟膝，眼視左手（圖2—4—⑥）。右足上步成左實右虛步，右手在左肘下平穿掌，眼視右手（圖2—4—⑦）。雙腕外旋成仰掌（圖2—4—⑧）。換掌成右式（圖2—4—⑨）。

圖2—4—③   圖2—4—④

圖2—4—⑤   圖2—4—⑥

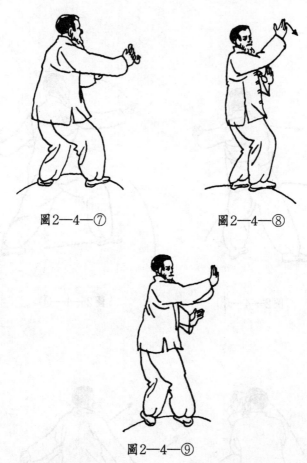

圖2—4—⑦　　　　　　圖2—4—⑧

圖2—4—⑨

13. 走身回摟掌

　　左式單換掌，走至左足在前（圖2—5—①）。右足扣步，腰向左轉，手不動（圖2—5—②）。身左轉回身，同時右腳背踢左腳跟，右臂上穿成仰掌，左臂屈肘於胸前，左掌在右腋下，手掌向外，成獨立勢，眼向左平視（圖2—5—③）。

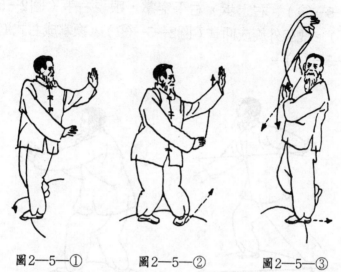

圖2─5─①　　　　圖2─5─②　　　　圖2─5─③

　　右足後跳一大步，成低式右實左虛步，雙手下摟於左
膝下，右上左下，眼視雙手（圖2─5─④）。左足出步成
左弓步，左手摟向左膝，眼視左前方（圖2─5─⑤、圖

圖2─5─④　　　　　　圖2─5─⑤

2—5—⑥）。右上步，右平穿掌，眼視右手（圖2—5—
⑦）。雙腕外旋成仰掌（圖2—5—⑧）。換掌成右式（圖
2—5—⑨）。

圖2—5—⑥　　　　　　　圖2—5—⑦

圖2—5—⑧　　　　　　　圖2—5—⑨

14. 走身摟推掌

　　左式單換掌，走至左足在前（圖2—6—①）。右足扣步，腰向左轉，手不動（圖2—6—②）。左足出步成左弓步，右平穿掌，眼視右手（圖2—6—③）。右足扣步，腰向左轉身，右臂上穿成仰掌，左臂屈肘於胸前，左掌在右腋下，手掌向外，身直立（圖2—6—④）。

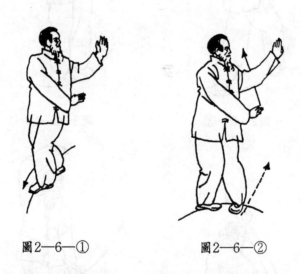

圖2—6—①　　　　　　　圖2—6—②

　　左足擺步，左手摟膝，眼視左手（圖2—6—⑤）。承上勢，左手繼續上摟至頭上成反仰掌，右足上步成馬步，同時右手由右向下再弧形向上推掌，步到手到，協調一致，眼隨右手注視（圖2—6—⑥、圖2—6—⑦）。右足扣步，右臂下垂自右向左成下弧形閉身，左臂仰掌上舉於身上，眼視右臂（圖2—6—⑧）。

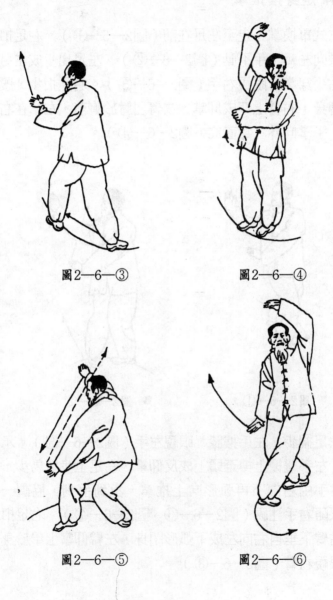

圖2—6—③　　　　　　圖2—6—④

圖2—6—⑤　　　　　　圖2—6—⑥

圖2—6—⑦　　　　　　圖2—6—⑧

　　左足出步，向左虛點成右實左虛步，左臂自右向下弧
形反削向左，高與肩平，又一個180°下弧形，面向圈內，
眼視左掌（圖2—6—⑨）。右足上步成左實右虛步，右平
穿掌，眼視右掌（圖2—6—⑩）。雙腕外旋成仰掌（圖
2—6—⑪）。換掌成右式（圖2—6—⑫）。

圖2—6—⑨   圖2—6—⑩

圖2—6—⑪   圖2—6—⑫

15. 疊滾龜形掌

　　左式單換掌，走至右足在前（圖2—7—①）。左足外扣步，身隨步右轉，手不動（圖2—7—②）。步不動，右臂立掌自左臂下平穿掌，同時左臂在右臂上抽回，左掌收

於右肘內側，眼視右掌（圖2—7—③）。左掌再從右臂下
推出，右臂反仰掌高舉於頭上，眼視左掌（圖2—7—
④）。

圖2—7—①　　　　　　圖2—7—②

圖2—7—③　　　　　　圖2—7—④

　　右足擺步成右實左虛步，腰右屈，帶同右臂屈肘反仰掌經頭上向右肩下壓，左臂亦屈肘反仰掌舉於頭上，眼視右掌（圖2－7－⑤）。左足扣步，右足退步成左弓步，左前臂內旋成仰掌滾身於胸前成90°，右臂下垂於右胯，眼視左臂（圖2－7－⑥）。右足進步至左足旁，右臂自下向左前方挑掌（圖2－7－⑦）。上動不停，右足退步，左足跟步，右掌挑回至右肩前，左手不動，眼視右手（圖2－7－⑧）。左足出步成左弓步，左手摟膝，右臂自上弧形向右下，斜展於後，眼視左手（圖2－7－⑨）。右足上步成右弓步，右臂仰掌平穿，左手覆掌收於右肘上，眼視右掌（圖2－7－⑩）。

　　右踵內旋，腰向左轉成右實左虛步，兩手腕下垂，右腕外旋，左腕內旋，至兩肩前（圖2－7－⑪）。承上勢，

圖2－7－⑤　　　　　　圖2－7－⑥

圖2—7—⑦　　　　　　圖2—7—⑧

圖2—7—⑨　　　　　　圖2—7—⑩

　左肘尖提高，左腕翻於左腋下，屈腕手掌向上，左腳後插
步，身繼續向左轉，弧形經背後反穿掌向左伸直，手指向
左；右掌腕外旋成仰掌，向右頰下穿出，眼注視左手腕
（圖2—7—⑫、圖2—7—⑬）。

換成右手經左側臉部隨腰向右經面部換成右式單換
掌，左臂在右臂下弧形，右式單換掌（圖2—7—⑭）。以
後簡稱龜形換掌。

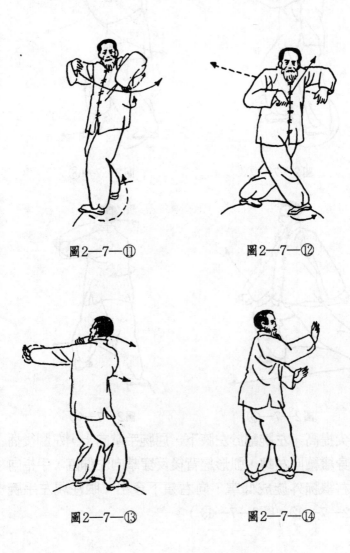

圖2—7—⑪   圖2—7—⑫

圖2—7—⑬   圖2—7—⑭

16. 走身蓋削掌

左式單換掌，走至右足在前（圖2—8—①）。左足擺步，手不動（圖2—8—②）。右足上步成右弓步，右臂在左臂下平穿掌，左臂收回掌至右肘上，眼視右掌（圖2—8—③）。

圖2—8—①　　　　　　　圖2—8—②

　　回身左足成左弓步，左臂弧形向上向左蓋，成一立體半圓形，手掌心向上，左臂腕內旋成反仰掌，展伸於右，眼視左掌（圖2—8—④）。右足向左足扣步，右手削一平面半圓形，手掌心向上，眼視右手（圖2—8—⑤）。左足後掃一半圓形，左手反探一平面半圓形，手背向上，右臂仰掌伸展於後，眼視左手（圖2—8—⑥）。右足又向左足扣步，左足提起成獨立勢，右手提高自右向左弧形劈下，左臂反仰掌斜展於左，眼視右手（圖2—8—⑦）。

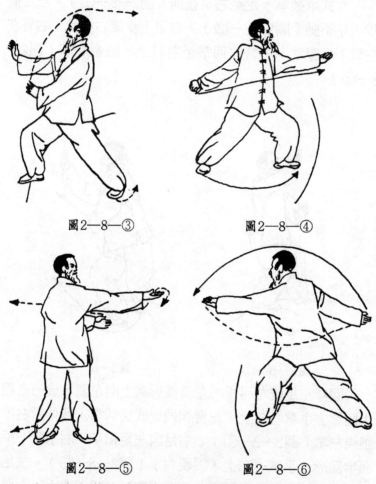

圖2－8－③　　　　　　圖2－8－④

圖2－8－⑤　　　　　　圖2－8－⑥

　　左足向左落步成左弓步，左臂弧形摟經胸前回至左下摟手，右臂斜展於右，眼視前方（圖2－8－⑧）。右足上步成左實右虛步，右手平穿掌，眼視右掌（圖2－8－⑨）。雙腕外旋成仰掌（圖2－8－⑩）。換掌成右式（圖

2—8—⑪ ）。

圖2—8—⑦

圖2—8—⑧

圖2—8—⑨

圖2—8—⑩

圖2—8—⑪

第三掌　轉身掌

17. 轉身掌

口訣：

敵正我正奇，

敵奇我奇正，

柔身拉舵尾，

順水駕輕舟。

左式走掌，走至左足在前（圖3—1—①）。右足外擺步，身後仰向右轉，左臂伸直身翻動，手隨身動變成仰掌，眼視左掌（圖3—1—②）。扭動身軀轉翻360°，左足提起還落原處，手型步型方向都不變動，還成原式（圖

3—1—③、圖3—1—④）。

圖3—1—①　　　　　　　圖3—1—②

圖3—1—③　　　　　　　圖3—1—④

18. 轉身跨掌

　　左式走掌，走至左足在前（圖3—2—①）。右足外擺步，身後仰向右轉，左臂伸直，隨身翻動成仰掌，眼視左

掌（圖3－2－②）。左足扣步，腰繼續右轉，左臂翻於頭
上，左掌落於右肩外，左臂橫於胸前，右臂橫於左臂下，
掌在左腋下，眼視左掌（圖3－2－③）。

圖3－2－①　　　　　圖3－2－②

圖3－2－③　　　　　圖3－2－④

　　右足橫出步，兩臂向下跨掌，眼視右掌（圖3─2─
④）。右足上步成左實右虛步，右手平穿掌，眼視右手
（圖3─2─⑤）。雙腕外旋成仰掌（圖3─2─⑥）。換掌
成右式（圖3─2─⑦）。

圖3─2─⑤　　　　　　圖3─2─⑥

圖3─2─⑦

19. 轉身探掌

左式走掌，走至左足在前（圖3—3—①）。右足外擺步，身後仰向右轉，左臂伸直隨身翻動，眼視左掌（圖3—3—②）。左足上步，回身左手摟至右肩右側滾向下，左側翻向上，左臂覆掌隨身動還向圈內舉於頭上，右臂未動，眼視左臂（圖3—3—③）。左手摟至右肩，右臂仰掌在左臂內向上探掌，眼視右掌（圖3—3—④）。

圖3—3—①　　　　　　圖3—3—②

左足出步成左弓步，左摟手，眼視左手（圖3—3—⑤）。右足上步成左實右虛步，右平穿掌，眼視右手（圖3—3—⑥）。雙腕外旋成仰掌（圖3—3—⑦）。換掌成右式（圖3—3—⑧）。

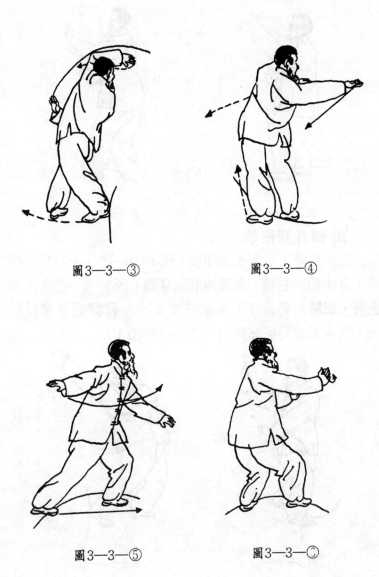

圖3—3—③　　　　　圖3—3—④

圖3—3—⑤　　　　　圖3—3—⑥

圖3—3—⑦　　　　　圖3—3—⑧

20. 轉身雙摟掌

左式走掌，走至左足在前（圖3—4—①）。右足外擺步，身後仰向右轉，左臂伸直隨身翻（圖3—4—②）。承上勢，繼續右轉360°，兩腿成交叉，左臂翻成覆掌於頭上，因身動帶同回向圈內（圖3—4—③）。

圖3—4—①　　　　　圖3—4—②

圖3—4—③　　　　　　圖3—4—④

上動不停，腰向右轉，右手摟展於右上，左臂下垂，眼視右手（圖3—4—④）。右手繼續向上向左肩摟，左臂在右臂內仰掌向上探，右手收於左腋下，同時左足上步，眼視左手（圖3—4—⑤）。兩腕內旋還成原式（圖3—4—⑥）。

圖3—4—⑤　　　　　　圖3—4—⑥

21. 閉掌轉身

左式走掌，走至右足在前
（圖3—5—①）。左足擺步，
手不動（圖3—5—②）。右足
上步成右虛步，右臂自左肘下
平穿掌，眼視右手（圖3—5—
③）。左足擺步，身後仰向左
轉，眼視右掌（圖3—5—
④）。扭動身軀翻360°，右足
提起還落原處，換成右式（圖
3—5—⑤）。

圖3—5—①

圖3—5—②

圖3—5—③

圖3—5—④

圖3—5—⑤

22. 閉轉摟蓋掌

　　左式走掌，走至右足在前（圖3—6—①）。左足擺步，手不動（圖3—6—②）。右足上步成左實右虛步，右臂自左肘下平穿掌，眼視右手（圖3—6—③）。

圖3—6—①

圖3—6—②

左足擺步，身後仰向左轉，右臂隨身轉動翻成仰掌，眼視右手（圖3—6—④）。右足上步回身，右手摟至左肩，同時左臂橫於胸前，左掌覆於右腋下，眼向左平視，右臂繼續弧形摟至右下，成反仰掌後展，左臂弧形向上向左蓋掌成仰掌，眼視左掌（圖3—6—⑤）。右足進步至左足旁，右腕內旋成立掌弧形經頭上，向前撲擊，再雙手抓成拳，眼視雙拳（圖3—6—⑥）。

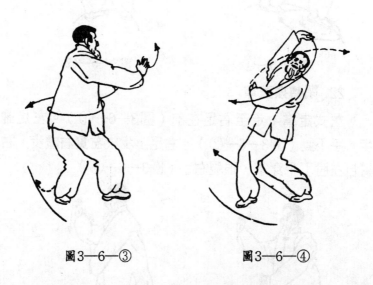

圖3—6—③　　　　　　圖3—6—④

接著雙拳拖回至肩前，右足先退，左足跟步退，眼視左前方（圖3—6—⑦）。左足斜出步，左臂仰掌向上搬，眼視左手（圖3—6—⑧）。右足跟著至左足旁，右臂在左臂內仰掌向上穿，左手在右臂外下摟至肘，眼上視右手（圖3—6—⑨）。

圖3—6—⑤　　　　　　　　圖3—6—⑥

圖3—6—⑦　　　　　　　　圖3—6—⑧

　　接著右臂仰掌向上向右旋，左臂抽回，兩掌相合，俱
收於胸前，眼視雙掌（圖3—6—⑩）。右足斜進步，左足
跟步，雙手豎掌向前撞擊，眼視雙掌（圖3—6—⑪）。左

足擺步，身右轉，兩手腕下垂，右前臂隨身向左轉動，左臂肘在上，反仰掌穿至左腋前（圖3—6—⑫）。

圖3—6—⑨　　　　　　　圖3—6—⑩

圖3—6—⑪　　　　　　　圖3—6—⑫

左足後插步，與右足小趾相合，成反三角形步，身隨步動左轉，兩腕下垂肘提高，左腕翻於右腋下，屈腕手掌朝上，手指向左，右臂屈肘仰於右頰下，眼視左手（圖3—6—⑬）。上動不停，身繼續左轉，步轉成兩足斜平行，左臂反仰掌伸直，右手仰掌由右頰下至左臉旁，掌心向臉，眼視左掌（圖3—6—⑭）。左腕外

圖3—6—⑬

旋成仰掌，腰向右轉，帶同右掌經面前弧形向右，同時左掌經胸前穿至右肘下，兩腕內旋成豎掌，換成右單換掌（圖3—6—⑮）。

圖3—6—⑭

圖3—6—⑮

23. 掤撞掌

左式走掌，至右足在前（圖3—7—①）。左足擺步，腰左轉，左臂纏腕，眼視左手（圖3—7—②）。右足繞步270°成馬步，面向圈外，右臂掤肘，眼視前方（圖3—7—③）。

圖3—7—①　　　　　圖3—7—②

圖3—7—③

　　左足擺步成右實左虛步，身向左扭轉，雙手立掌相
合。眼視雙掌（圖3—7—④）。上動不停，接著，右足再
繞步270°，右弓步豎掌雙撞，眼視雙掌（圖3—7—⑤）。
左足出步成左弓步，左摟手，眼視左手（圖3—7—⑥）。

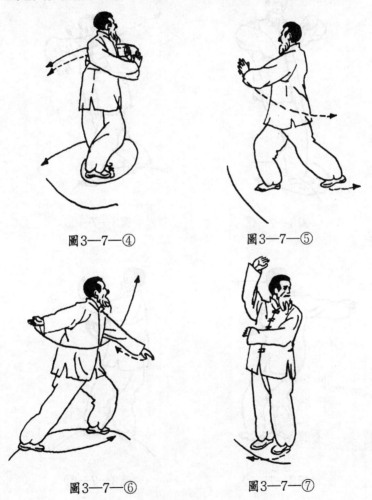

圖3—7—④　　　　　　　　圖3—7—⑤

圖3—7—⑥　　　　　　　　圖3—7—⑦

　　右足扣步，右臂上穿掌，眼視左前方（圖3—7—⑦）。龜形換掌（圖3—7—⑧、圖3—7—⑨、圖3—7—⑩、圖3—7—⑪）。

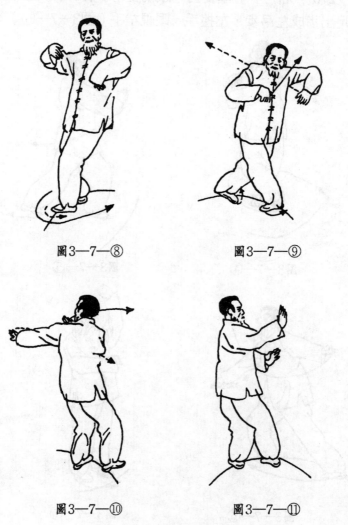

圖3—7—⑧　　　　　　　圖3—7—⑨

圖3—7—⑩　　　　　　　圖3—7—⑪

24. 纏揷掌

　　左式走掌，走至右足在前（圖3—8—①）。左足擺步，左臂纏腕，腰左轉，重心落實左足，眼視左手（圖3—8—②）。右足繞步270°，右臂揷掌，左臂平展於後，眼視右掌（圖3—8—③）。左足擺步，右足上步，腰左轉，成左弓步，右臂屈肘仰掌高舉頭上，左臂屈肘橫於胸前，掌在右腋下，眼上視右掌（圖3—8—④）。

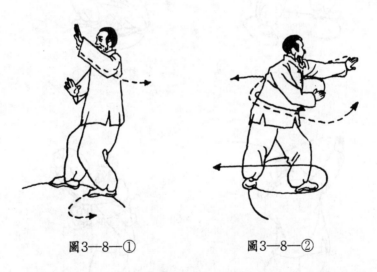

圖3—8—①　　　　　　　圖3—8—②

　　左足出步，左手摟膝高舉，眼視右前方（圖3—8—⑤）。右足扣步，左足跟步，右手在左臂內向上探掌，眼視右掌（圖3—8—⑥）。龜形換掌（圖3—8—⑦、圖3—8—⑧、圖3—8—⑨、圖3—8—⑩）。

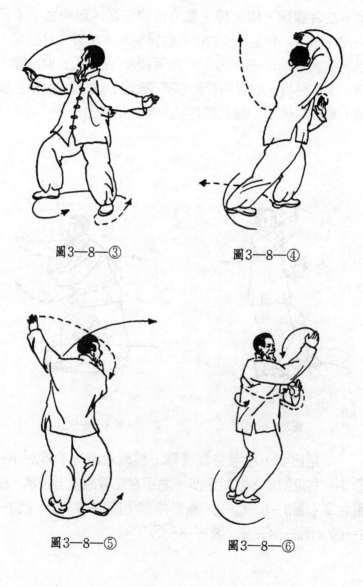

圖3—8—③   圖3—8—④

圖3—8—⑤   圖3—8—⑥

圖3—8—⑦　　　　　　　　圖3—8—⑧

圖3—8—⑨　　　　　　　　圖3—8—⑩

第四掌 背身掌

25. 背身掌（母掌）

口訣：

擊左右應，

擊前後應，

相互呼應，

使敵難應。

右實左虛八卦掌步，左臂仰掌平伸，高與肩平，右臂屈肘仰掌於左臂內側，右掌在左肘旁，腰向左扭，眼視左掌，蹲身走掌，走至右足在前（圖4—1—①）。左足外扣步，身向右轉帶同左臂成一平面半圓形活動，眼隨左掌轉移視線（圖4—1—②）。右足後出步成左實右虛步，身繼續向右轉，帶動右臂由屈肘換成伸臂仰掌向圈背掌，左臂屈肘仰掌置於右臂內側，左掌在右肘旁，換成右式，眼視前方（圖4—1—③）。兩動作合成一平面圓形。

26. 雁形掌

左實右虛八卦步，左臂仰掌平伸向圈內，右臂下垂，拇指貼靠於右股部，腰向左扭，眼視左掌，蹲身走掌，走至左足在前（圖4—2—①）。右足扣步，右臂向下向上弧形向左劈，眼視左掌（圖4—2—②），左足退步成左實右虛步，左臂下垂，眼視右臂（圖4—2—③）。右足出步，右臂外旋成仰掌換成右雁形掌（圖4—2—④）。

圖4—1—①

圖4—1—②

圖4—1—③

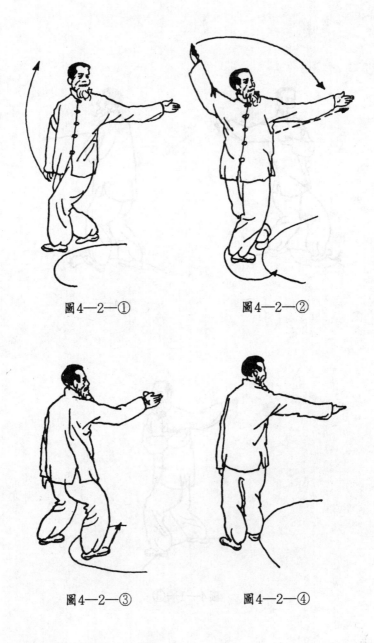

圖4—2—①　　　　　　圖4—2—②

圖4—2—③　　　　　　圖4—2—④

27. 搬攔掌

　　兩足並立，兩臂下垂（圖4—3—①）。右足出步，右臂立掌上提，拇指向上自右向左平面弧形搬動至右肩前，眼視右手（圖4—3—②）。左足上步，左臂上提至右肘下覆掌平穿攔向左，眼視左手（圖4—3—③）。

　　腰向左轉繼續帶同雙臂向左，步不動，眼視左手（圖4—3—④）。步不動，重心坐實右足，兩腕下垂，右腕勾向右肩前，眼視右手（圖4—3—⑤）。右足上步，右腕內旋成立掌，直伸出平面弧形搬向左，左手同時復掌由右肘下平穿弧形向左攔，眼先注視右手，後隨左手注視（圖4—3—⑥、圖4—3—⑦）。

圖4—3—①

圖4—3—②

圖4—3—③　　　　圖4—3—④

圖4—3—⑤　　　　圖4—3—⑥

如想換掌則：

　　重心後移於右足成右實左虛步，左手上搬，眼視左手（圖4—3—⑧）。接著右臂在左臂內仰掌上穿，同時左臂仰掌下移於右肘旁，眼上視右掌（圖4—3—⑨）。左足出

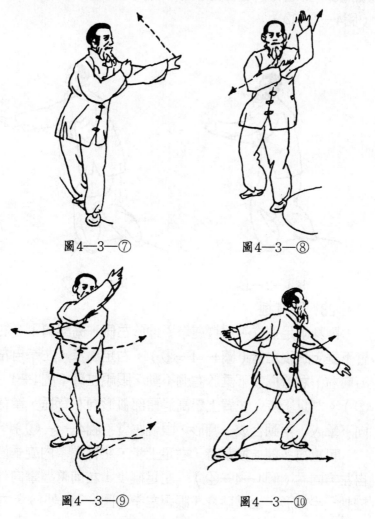

圖4—3—⑦　　　　　　　　圖4—3—⑧

圖4—3—⑨　　　　　　　　圖4—3—⑩

步成左弓步，左臂內旋成覆掌摟手，眼視左手，等待換掌（圖4—3—⑩）。右足上步，成左實右虛步，右手平穿掌，眼視右掌（圖4—3—⑪）。換掌時，左足先走，左臂搬開始。身右轉，右臂隨身動，右腕外旋成仰掌換成右式（圖4—3—⑫）。

圖4—3—⑪　　　　　圖4—3—⑫

28. 反背捶

蹲身兩足並立，左臂握拳平伸於左側，高與肩平，右臂下垂，眼視左臂（圖4—4—①）。右足出步，左拳自左方向右，右臂握拳下垂於右側不動，眼視左臂（圖4—4—②）。左足上步，左臂上舉高過頭部弧形向左背捶，拳背向下擊人，兩動合成一圓形，眼視左臂（圖4—4—③）。

可重複多練。換掌時，右足上步，左臂握拳內旋垂直自左方向右（圖4—4—④）。左足擺步，左前臂握拳向外擺動一半圓形，上臂貼身，眼視左拳（圖4—4—⑤）。右

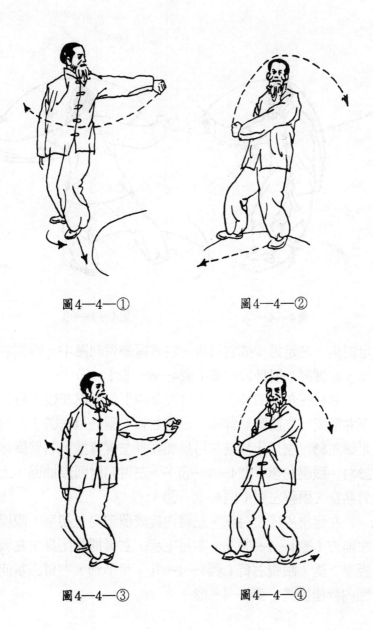

圖4—4—①   圖4—4—②

圖4—4—③   圖4—4—④

圖4—4—⑤　　　　　圖4—4—⑥

足扣步，左足退步成右弓步，右臂握拳臂向圈中，眼視右
拳，左臂握拳展伸於左側（圖4—4—⑥）。

　　右足在左足前插步，右臂握拳向下弧形向左後，再回
至右前成一立體圓形背捶，眼視右臂（圖4—4—⑦）。右
足踵左轉，左足出步成左弓步加在身左臂背捶，右臂展伸
於右，眼視左拳（圖4—4—⑧）。左臂屈肘弧形抽回，上
臂貼身，眼視左肘（圖4—4—⑨）。

　　左足出步成左弓步，左臂內旋成覆掌向左摟手，眼視
左前方（圖4—4—⑩）。右足上步，右臂握拳閉身，左臂
握拳下垂，眼視右臂（圖4—4—⑪）步不動，右臂握拳向
圈內背捶換式（圖4—4—⑫）。

圖4－4－⑦

圖4－4－⑧

圖4－4－⑨

圖4－4－⑩

圖4—4—⑪　　　　圖4—4—⑫

29. 抄帶掃掌

左式背身掌，走至左足在前（圖4—5—①）。右足橫出步，左足跟步，至右足旁虛點成右實左虛步，左臂上搬，右臂接著在左臂內上穿，左臂循右臂外側下收於右肘下，眼先視左掌，後視右掌（圖4—5—②、圖4—5—③）。

身右轉，雙臂向右再弧形向左，兩掌豎掌相合於胸前，接著合掌撞出（圖4—5—④）。左足斜出步，右足跟著越過左足，左足出步成左弓步，左手反背掌，眼視左掌（圖4—5—⑤、圖4—5—⑥）。

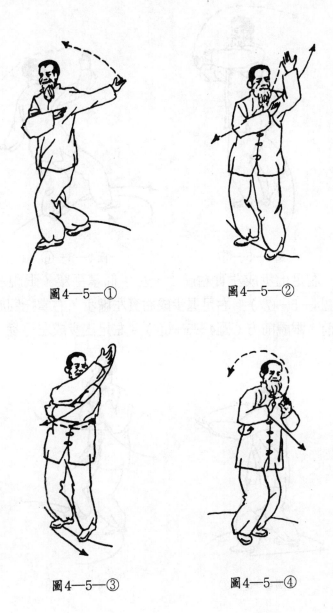

圖4─5─①　　　　　　　圖4─5─②

圖4─5─③　　　　　　　圖4─5─④

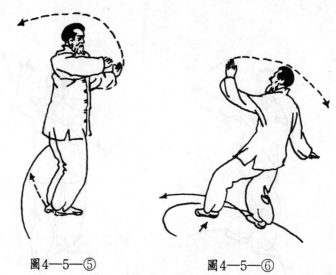

圖4—5—⑤　　　　　　圖4—5—⑥

　　右足上步成左實右虛步，左手仰掌平穿，眼視左掌
（圖4—5—⑦）。右足退步成右實左虛步，右掌托回於右
肩前，眼視前方（圖4—5—⑧）。左足出步成左弓步，左

圖4—5—⑦　　　　　　圖4—5—⑧

手摟膝，右臂內旋轉於右後，眼視左手（圖4—5—⑨）。
右足上步成左實右虛步，右手仰掌平穿，眼視右掌（圖
4—5—⑩）。身向右轉換成右式背身掌（圖4—5—⑪）。

圖4—5—⑨　　　　　圖4—5—⑩

圖4—5—⑪

30. 擺栽捶

左式背身掌走掌，走至右足在前（圖4—6—①）。左足擺步，左前臂外擺一圓形，上臂貼在身上，眼視左手（圖4—6—②）。右足扣步，右臂握拳內旋，虎口向下，循左臂外側向圈中栽捶，眼視右拳（圖4—6—③）。回身左足出步成左弓步，左臂向圈中平面背掌。右臂伸展於右，眼視左手（圖4—6—④）。

圖4—6—①　　　　　圖4—6—②

左足收至右足旁直立，左臂屈肘，前臂上舉與上臂成90°，自左向右括面至右肩前，眼視左手（圖4—6—⑤）。左足出步成左弓步，左摟手，眼視左手（圖4—6—⑥）。右足上步成左實右虛步，右手仰掌平穿，眼視右掌（圖4—6—⑦）。身右轉換成右式背身掌（圖4—6—⑧）。

圖4—6—③　　　　　　圖4—6—④

圖4—6—⑤　　　　　　圖4—6—⑥

圖4－6－⑦   圖4－6－⑧

31. 抄穿雙削掌

左式背身掌，走至左足在前（圖4－7－①）。右足後插步，右臂沿臉左側上抄，左臂下閉向右，再循腹部前弧形向右上穿，眼視右掌（圖4－7－②）。步不動，左手仰掌上抄，兩臂交叉於頭上（圖4－7－③）。

圖4－7－①   圖4－7－②

　　兩臂左右分開（圖4—7—④）。下坐，雙臂下削交叉於下，右臂在上，左臂在下，眼視右臂（圖4—7—⑤）。站起，兩臂立舉朝上展挑，眼視左臂（圖4—7—⑥）。

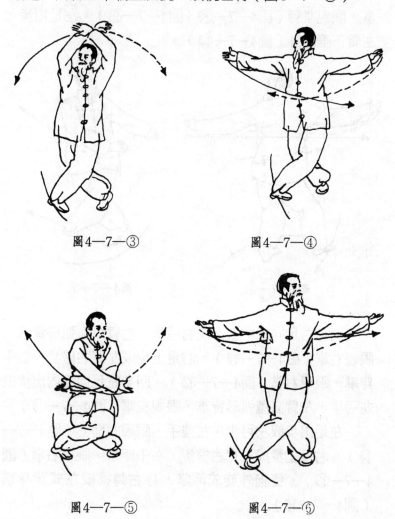

圖4—7—③　　　　　　　圖4—7—④

圖4—7—⑤　　　　　　　圖4—7—⑥

轉踵，身向右轉，帶同右臂向圈中反削，眼視右臂
（圖4—7—⑦）。右足繼續轉踵，身向右轉，左臂下垂閉
身，眼視左臂。回身左足向圈中上步，左臂立體弧形蓋
掌，眼視左臂（圖4—7—⑧、圖4—7—⑨）。左足扣步，
左臂下垂閉身（圖4—7—⑩）。

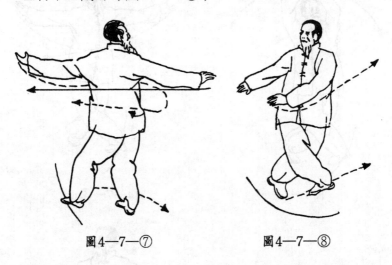

圖4—7—⑦　　　　　　　圖4—7—⑧

回身右足向圈中上步成右弓步，右臂平面弧形背掌，
眼視右掌（圖4—7—⑪）。右足上步成左實右虛步，右平
穿掌，眼視右掌（圖4—7—⑫）。回身左足向圈內出步成
左弓步，左臂立體弧形背掌，眼視左掌（圖4—7—⑬）。

左足出步成左弓步，左摟手，眼視左前方（圖4—7—
⑭）。右足上步成左實右虛步，右平穿掌，眼視右掌（圖
4—7—⑮）。雙腕外旋成仰掌，身右轉換成左式背身掌
（圖4—7—⑯）。

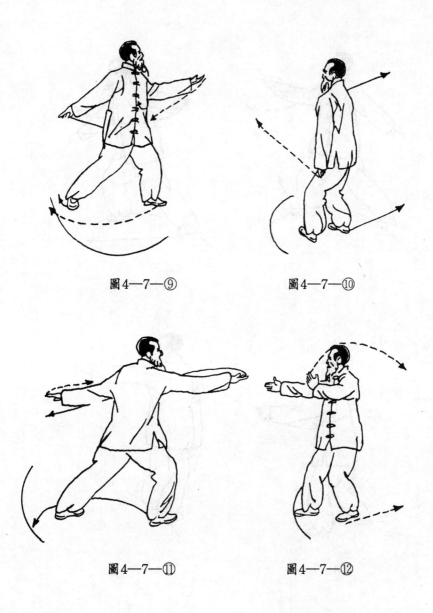

圖4—7—⑨　　　　　　圖4—7—⑩

圖4—7—⑪　　　　　　圖4—7—⑫

圖4—7—⑬　　　　　圖4—7—⑭

圖4—7—⑮　　　　　圖4—7—⑯

32. 反背掌

　　左式雁形掌，走至右足在前（圖4—8—①）。左足擺
步，左前臂向下向右再弧形向上向左擺360°，成一圓形活
動。眼視左前臂（圖4—8—②）。右足扣步，右臂向圈中
劈掌，眼視右臂（圖4—8—③）。

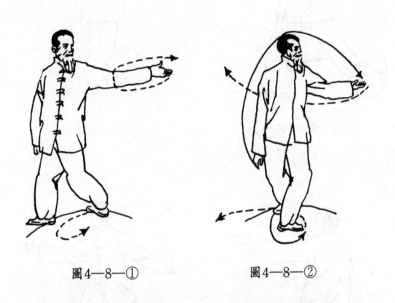

圖4—8—①　　　　　　　圖4—8—②

　　左足退步，右前足插步，右臂繼續劈向左，左臂同時
向左，眼視雙臂（圖4—8—④）。插步不動，雙臂平面弧
形面向圈中背掌，眼視右掌（圖4—8—⑤）。左轉回身，
左足出步成左弓步，左臂平面弧形背掌，眼視左掌（圖
4—8—⑥）。

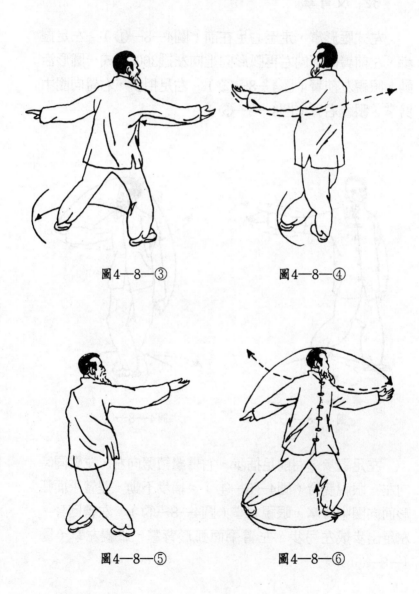

圖4—8—③   圖4—8—④

圖4—8—⑤   圖4—8—⑥

右足扣步，左足提起成獨立勢，右臂向下劈掌，左臂覆掌展伸於後，掌比肩略高，眼視右臂（圖4—8—⑦）。左足落地成左弓步，右臂摟至左再回右，前臂內旋成倒仰掌回插斜展伸於後，左臂反仰掌舉於頭上，眼回視右前方（圖4—8—⑧）。右足扣步，右臂在左臂外上穿成反仰掌，眼視左前方（圖4—8—⑨）。

圖4—8—⑦　　　　　圖4—8—⑧

左足出步成左弓步，左摟手，眼視左手（圖4—8—⑩）。右足上步，右平穿掌，眼視右手（圖4—8—⑪）。雙腕外旋成仰掌，右臂仰掌平展至於圈中，左臂下垂貼靠於左股換成右式雁形掌（圖4—8—⑫）。

圖4—8—⑨

圖4—8—⑩

圖4—8—⑪

圖4—8—⑫

第五掌　回頭掌

口訣：

閉滾防左右，

回頭退爲進，

近擠走離遠，

付力長身形。

33. 回頭掌

單換掌左式，走至右足在前（圖5—1—①）。左足外扣步，左臂下垂向右閉身，右掌上移於臉左側，腕內旋掌向外，眼注視左前方（圖5—1—②）。回身右足出步成左

圖5—1—①　　　　　　　圖5—1—②

實右虛步，右臂向圈中心反削，虎口向下，小指朝上，眼視右臂（圖5—1—③）。

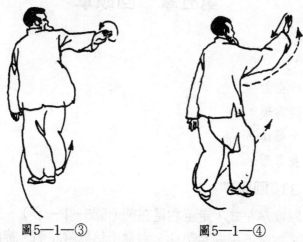

圖5—1—③　　　　　　圖5—1—④

右足進步，右腕外旋成仰掌向上搬（圖5—1—④）。左足提起成右獨立勢，左臂仰掌由右肘向上托，兩臂成交叉，掌心都向上，眼視雙掌（圖5—1—⑤）。提起的左足落地成左弓步，同時兩腕內翻成覆掌虎口相對，兩臂肘微屈成圓形，向圈內雙撞，叫雙撞掌，又稱虎撞掌，眼視雙手（圖5—1—⑥）。左足進步，雙手抓拳，拖回至胸前，眼視雙拳（圖5—1—⑦）。

左足撤步，雙手反偸，眼視左手（圖5—1—⑧）。右足扣步，身向左轉，回身360°，蹲下成右實左虛步，右臂屈肘，左手腕內旋成倒仰掌，由左腋下向圈內上穿，叫反偸掌，眼隨左掌轉移視線（圖5—1—⑨）。左足出步，右足上步成左實右虛步，右手平穿掌，眼視右掌（圖5—1—⑩）。

圖5—1—⑤

圖5—1—⑥

圖5—1—⑦

圖5—1—⑧

圖5—1—⑨   圖5—1—⑩

兩腕外旋成仰掌（圖5—1—⑪）。換掌成右式（圖
5—1—⑫、圖5—1—⑬）。

圖5—1—⑪   圖5—1—⑫

圖5—1—⑬

34. 閉身背捶

左式走掌，走至右足在前（圖5—2—①）。左足外扣步，左臂下垂向右閉身，右掌上移於臉左側，腕內旋掌向外，眼視圈內（圖5—2—②）。回身右足出步成右弓步，右臂向圈中背捶，左臂反仰掌展伸於左，眼視右拳（圖5—2—③）。

圖5—2—①

圖5—2—②

左足扣步，身右轉面向圈內，左臂屈肘舉於頭上，眼上視（圖5—2—④）。承上勢，右足退步成左弓步，左臂自頭屈肘90°向上滾壓於胸前，右臂覆掌下垂於右股旁，眼前視（圖5—2—⑤）。重心移於右足，左足出步成左弓步，左摟手，眼視左手（圖5—2—⑥）。

圖5—2—③　　　　　　　圖5—2—④

圖5—2—⑤　　　　　　　圖5—2—⑥

　　右足上步成左實右虛步，右手平穿掌，眼視右手（圖5—2—⑦）。兩腕外旋成仰掌（圖5—2—⑧）。換掌成右式（圖5—2—⑨、圖5—2—⑩）。

圖5—2—⑦　　　　　　　　圖5—2—⑧

圖5—2—⑨　　　　　　　　圖5—2—⑩

35. 閉身偸掌

左式走掌，走至右足在前（圖5—3—①）。左足外扣步，右臂下垂向右閉身，右掌上移於臉左側，眼視圈內（圖5—3—②）。回身下蹲，右足重點成左實右虛步，右臂屈肘，右手腕內旋成倒仰掌，由右腋下向圈內穿，眼隨右掌轉移視線（圖5—3—③）。

圖5—3—①　　　　　　　　圖5—3—②

左足扣步身右轉，左臂屈肘舉於頭上，眼上視（圖5—3—④）。承上勢，右足退步成左弓步，左臂自頭上屈肘90°向下滾壓於胸前，右臂覆掌下垂於右股旁，眼前視（圖5—3—⑤）。左足出步成左弓步，左摟手，眼視左手（圖5—3—⑥）。

圖5—3—③

圖5—3—④

圖5—3—⑤

圖5—3—⑥

右足上步成左實右虛步，右手平穿掌，眼視右手（圖
5—3—⑦）。兩腕外旋成仰掌（圖5—3—⑧）。換掌成右
式（圖5—3—⑨、圖5—3—⑩）。

圖5—3—⑦　　　　　　圖5—3—⑧

圖5—3—⑨　　　　　　圖5—3—⑩

36. 頓搓背包

　　左式走掌，走至右足在前（圖5—4—①）。左足外扣步，左臂下垂向右閉身，右臂同時下垂，眼隨臂注視（圖5—4—②）。身向右擺屈成左實右虛點步，雙臂自上弧形

圖5—4—①　　　　　　　　圖5—4—②

圖5—4—③　　　　　　　　圖5—4—④

向圈內背掌，右掌成仰掌在下，左掌反仰掌在上，眼隨臂轉移視線（圖5—4—③）。

腰帶動身軀左旋後移，身軀帶同右臂經左成一半圓形，上臂收至胸前，同時左臂覆掌探出，眼前視（圖5—4—④）。承上勢，右臂仰掌迅速探出，左臂回收於右肘上，眼視右掌（圖5—4—⑤）。右踵轉，身後仰，雙臂隨身動翻於上，眼視雙臂。左翻身，左足後掃成馬步，雙臂隨身動經頭上摔於胯下，叫轉身背包，眼隨雙臂轉移視線（圖5—4—⑥、圖5—4—⑦）。

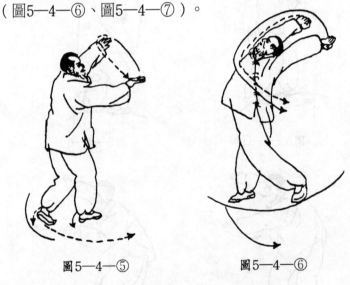

圖5—4—⑤　　　　　圖5—4—⑥

右足出步成右弓步，右手平穿掌，眼視右手（圖5—4—⑧）。回身左足出步成左弓步，左摟手，眼視左手（圖5—4—⑨）。右足上步成左實右虛步，右手平穿掌，眼視右手（圖5—4—⑩）。

圖5—4—⑦　　　　　　　　圖5—4—⑧

圖5—4—⑨　　　　　　　　圖5—4—⑩

　　兩腕外旋成仰掌（圖5—4—⑪）。換掌成右式（圖
5—4—⑫、圖5—4—⑬）。

圖5—4—⑪

圖5—4—⑫

圖5—4—⑬

37．抄帶迎掌

　　左式走掌，走至右足在前（圖5—5—①）。左足上步，左手仰掌經頦下向上抄手，右手仰掌隨著上舉，眼上視雙手（圖5—5—②）。步不動，左腕內旋握拳，雙臂同時向左下帶，眼向下視（圖5—5—③）。

圖5—5—①　　　　　　　圖5—5—②

　　接著右臂上抬，反仰掌舉於頭上，左臂向斜上迎擊喉部，眼視左手（圖5—5—④）。左足後出步回身虛點，成右實左虛步，左臂自右向下弧形反削一半圓形至左，右臂下垂，眼視左臂（圖5—5—⑤）。重心落實左足，右足上步，右手平穿掌，眼視右手（圖5—5—⑥）。

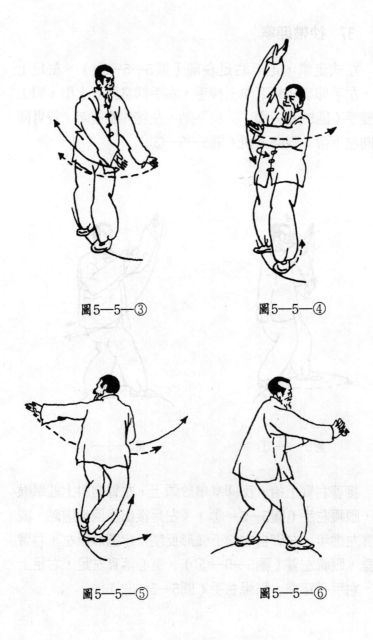

圖5—5—③　　　　　圖5—5—④

圖5—5—⑤　　　　　圖5—5—⑥

兩腕外旋成仰掌（圖5—5—⑦）。換掌成右式（圖
5—5—⑧、圖5—5—⑨）。

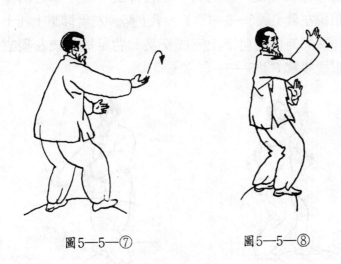

圖5—5—⑦　　　　　　　圖5—5—⑧

圖5—5—⑨

38. 纏攬雙撞掌

　　左式走掌，走至右足在前（圖5—6—①）。左足擺步，重心落實左足，腰左轉，左臂外旋下擺，掌心向圈外，眼視左臂（圖5—6—②）。承上勢，左臂仰掌上托，右臂仰掌同時由左肘下上完成交叉，右足提起成左獨立勢，眼視雙掌（圖5—6—③）。

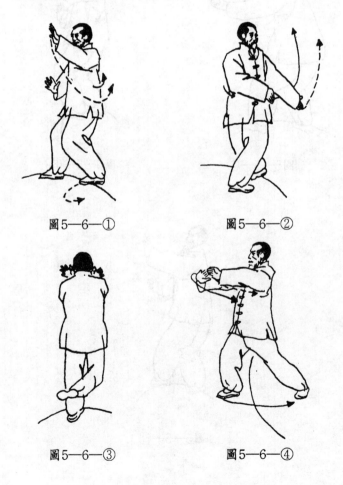

圖5—6—①　　　　　　圖5—6—②

圖5—6—③　　　　　　圖5—6—④

　　提起的右足落地成右弓步，同時兩腕內翻成覆掌，虎口相對，兩臂肘微屈成圓形，向圈外雙撞，眼視雙手（圖5—6—④）。右足進步，雙手撲抓，雙手抓拳，雙臂拖回，右足扣步。蹲下成右實左虛步（圖5—6—⑤）。回身左臂向上反偷掌，眼視左手（圖5—6—⑥）。

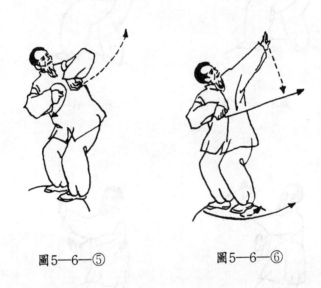

圖5—6—⑤　　　　　　　　圖5—6—⑥

　　左足出步，右足上步成左實右虛步，右手平穿掌，眼視右手（圖5—6—⑦）。兩腕外旋成仰掌（圖5—6—⑧）。換掌成右式（圖5—6—⑨、圖5—6—⑩）。

圖5—6—⑦　　　　　圖5—6—⑧

圖5—6—⑨　　　　　圖5—6—⑩

39. 順帶滾身掌

　　左式走掌，走至左足在前（圖5—7—①）。右足向圈外橫出步，身隨步右移成右實左虛步，手不動，眼視左手（圖5—7—②）。左足進步，右足上步成左實右虛步，左手下按，右臂由左臂上穿掌，眼視右手（圖5—7—③）。左足扣步，左臂上舉，眼上視左臂（圖5—7—④）。

圖5—7—①　　　　　　　　圖5—7—②

　　承上勢，右足退步成左弓步，左臂自頭上屈肘90°向下滾壓於胸前，右臂覆掌下垂於右股旁，眼前視（圖5—7—⑤）。右足扣步，右臂上舉，眼上視右臂（圖5—7—⑥）。承上勢，左足退步成右弓步，右臂自頭上屈肘90°向下滾壓於胸前，左臂覆掌下垂於左股旁，眼前視（圖5—7—⑦）。步不動，左臂覆掌自右臂下平探出，眼視左手（圖5—7—⑧）。

圖5—7—③

圖5—7—④

圖5—7—⑤

圖5—7—⑥

圖5—7—⑦　　　　　圖5—7—⑧

　　左足上步成左弓步，催動左臂腕外旋成仰掌平探出，右臂不動，眼視左掌(圖 5—7—⑨)。左足撤步，回身成右實左虛步，左臂反削，右臂斜外展下垂於右，眼視左臂

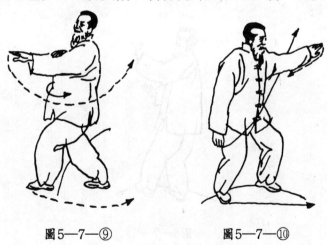

圖5—7—⑨　　　　　圖5—7—⑩

（圖5—7—⑩）。左足出步，右足上步成左實右虛步，右手平穿掌，眼視右手（圖5—7—⑪）。兩腕外旋成仰掌（圖5—7—⑫）。換掌成右式（圖5—7—⑬）。

圖5—7—⑪　　　　　圖5—7—⑫

圖5—7—⑬

（图5—8—②）。左足进步，右足上步成左实右虚步，两

40.順帶攬臂掌

　　左式走掌，走至左足在前（圖5—8—①）。右足向圈外橫出步，身隨步右移成右實左虛步，手不動，眼視左手（圖5—8—②）。左足進步，右足上步成左實右虛步，兩臂左右分開，再二臂合抱，右臂立掌在前，左臂立掌在右肘內，眼視雙掌（圖5—8—③）。腰向左扭旋，身後仰，帶動右臂覆掌，左臂仰掌向左轉，眼視雙臂（圖5—8—④）。

圖5—8—①　　　　　　　圖5—8—②

　　承上勢，腰繼續向左旋轉一周，右臂翻向下成仰掌，左臂翻向上成覆掌，回至原處，重心移至右足，眼視左手（圖5—8—⑤）。左足出步成左弓步，左摟手，眼視左手（圖5—8—⑥）。右足上步成左實右虛步，右平穿掌，眼視右手，兩腕外旋成仰掌（圖5—8—⑦、圖5—8—⑧）。換掌成右式（圖5—8—⑨）。

圖5—8—③　　　　　　圖5—8—④

圖5—8—⑤　　　　　　圖5—8—⑥

圖5—8—⑦

圖5—8—⑧

圖5—8—⑨

第六掌　挑勾掌

口訣：

挑掌藏身進步，

勾掌退步進身，

對手正面進攻，

挑勾上下呼應。

41. 挑勾掌

站立，兩臂下垂（圖6—1—①），蹲身左足出步，左臂由下垂向右前方上挑，至左耳旁成豎掌，形成立體上弧形活動，眼視左掌（圖6—1—②、圖6—1—③）。

圖6—1—①　　　　　　　　圖6—1—②

　　右足上步，右臂由下垂向左前方上挑，至右耳旁成豎掌，同時左臂下垂於左側，眼視右掌（圖6─1─④、圖6─1─⑤）。左足上步，左臂由下重向左前方上挑至左耳旁成豎掌，同時右臂下垂於右膝外側，眼視左掌（圖6─

圖6─1─③　　　　　圖6─1─④　　　　　圖6─1─⑤

圖6─1─⑥　　　　　圖6─1─⑦

1—⑥、圖6—1—⑦）。可重複多次，換掌時，左足撤步，左臂下垂，屈腕成左勾手，隨同左膝向下弧形後移，同時右臂弧形向上前方，眼視右手（圖6—1—⑧）。

　　右足撤步，右臂下垂，屈腕成右勾手，隨同右膝向下弧形後移，同時左臂向上弧形向右前方，眼視左手（圖

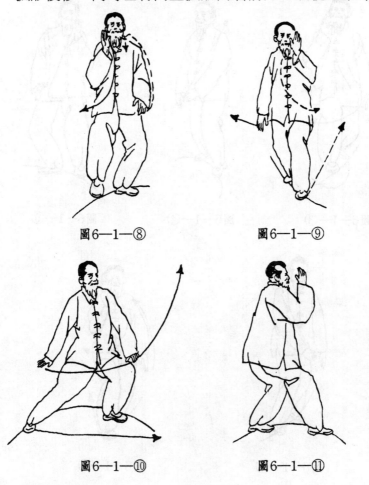

圖6—1—⑧　　　　　　　圖6—1—⑨

圖6—1—⑩　　　　　　　圖6—1—⑪

6—1—⑨）。左足撤步回身成左弓步，左臂下弧形勾手，
眼視左手（圖6—1—⑩）。右足上步，右臂上弧形挑掌，
換成右式（圖6—1—⑪）。

42. 挑栽雙分掌

左式挑掌，走至左足、左手在前，左臂挑掌後不落
下，眼視左手（圖6—2—①）。右足扣步，右前臂屈肘至
肘尖朝上，沿左臂內側向下栽捶，眼視右臂（圖6—2—
②、圖6—2—③）。

左足擺步，向左轉身360°，右足背踢左足跟成左獨立
勢，右臂轉身時翻成反仰掌上舉，左臂屈肘於胸前，左掌
在右腋下，眼前視（圖6—2—④、圖6—2—⑤）。右足向
右跳步，左足跟步成右實左虛步，雙手下摟左右分開，眼
向下視（圖6—2—⑥）。左足出步成左弓步，左勾手，眼

圖6—2—①

圖6—2—②

視前方（圖6—2—⑦）。右足上步成左實右虛步，右臂上
弧形挑掌換式（圖6—2—⑧）。

圖6—2—③　　　　　　圖6—2—④

圖6—2—⑤　　　　　　圖6—2—⑥

圖6—2—⑦　　　　　　　　圖6—2—⑧

43. 挑栽挑推掌

　　左式挑掌，走至左足左手在前，左臂挑掌不落下，眼視左手（圖6—3—①）。右足扣步，右臂屈肘至肘尖朝上沿左臂內側，左臂收於胸前，左手在右肘內側，右臂向下栽捶，眼視右臂（圖6—3—②、圖6—3—③）。

　　左臂循右臂上挑，同時右前屈肘上提挑回於右肩前，眼視右手（圖6—3—④）。左臂反仰掌上舉，右臂立掌推掌，眼視右手（圖6—3—⑤）。左足撤步成右實左虛步，回身左反勾，右臂斜下垂於右側，眼視左手（圖6—3—⑥）。右足上步。換掌成右挑掌（圖6—3—⑦）。

圖6—3—①　　　　　　　　　圖6—3—②

圖6—3—③　　　　　　　　　圖6—3—④

圖6—3—⑤

圖6—3—⑥

圖6—3—⑦

44．雙勾順托掌

左式挑掌，走至左足左手在前（圖6—4—①）。左足收步至右足旁並立，左勾手，眼視左手（圖6—4—②）。右足出步，又退還至左足前，右勾手，眼視右勾手（圖6—4—③）。左足進步至原退還處，身向右轉，面向圈外成馬步，左臂仰掌上托，眼視左掌（圖6—4—④）。

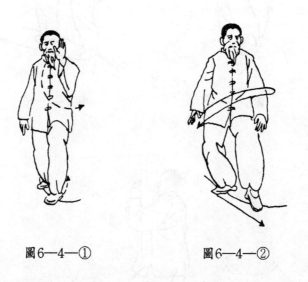

圖6—4—①   圖6—4—②

右手成仰掌穿至左臂下，眼上視右掌（圖6—4—⑤）。左足撤步成右實左虛步，回身左臂反勾，右臂劈向右，斜展伸於右，眼視左臂（圖6—4—⑥）。右足上步，右臂上挑換式（圖6—4—⑦）。

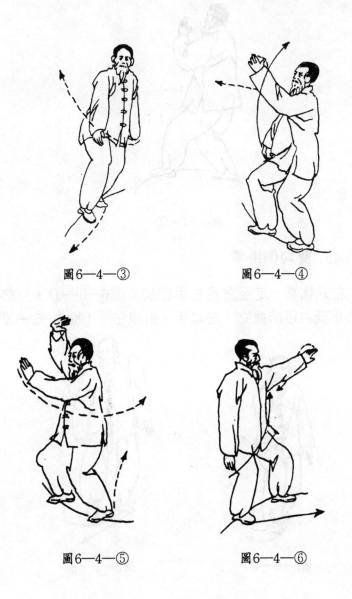

圖6—4—③　　　　　　　　圖6—4—④

圖6—4—⑤　　　　　　　　圖6—4—⑥

圖6—4—⑦

45.雙勾倒掛掌

左式挑掌，走至左足左手在前（圖6—5—①）。左
足收步至右足前並立，左勾手，眼視左手（圖6—5—②

圖6—5—①

圖6—5—②

）。右足上步，又退還至原處，右勾手，眼視前方（圖
6—5—③）。

　　身向右轉，兩足成交叉，左臂上舉弧形勾至右肩，右
臂斜展伸於右下，眼視左掌（圖6—5—④）。左足上步，
左臂弧形下勾至右胯外，臂橫於腹部，右臂握拳以手背向
前橫擊，叫倒掛掌，右腳背踢左足跟成左獨立勢，眼先視
左手，後視右臂（圖6—5—⑤）。右足落地，左足撤步成
右實左虛步，回身左臂反勾，眼視左臂（圖6—5—⑥）。
右足上步，右臂挑掌換式（圖6—5—⑦）。

圖6—5—③　　　　　　　圖6—5—④

圖6—5—⑤　　　　　　圖6—5—⑥

圖6—5—⑦

46. 挑栽反背捶

左式挑掌，走至右足右手在前，右臂挑掌不落下（圖6—6—①）。左足外扣步，左前臂向右屈肘至肘尖朝上，虎口向下回身栽捶，眼視左臂（圖6—6—②、圖6—6—③）。

圖6—6—①　　　　　　圖6—6—②

左足擺步，左前臂外擺一圓形，上臂貼在身上，眼視左臂（圖6—6—④）。右足扣步，左足退步成馬步，右臂劈捶，左臂展伸於左側，眼視前方（圖6—6—⑤）。右足在左足前插步，右臂握拳向下弧形向左後，再回至右前成一立體圓形背捶，眼視右臂（圖6—6—⑥）。右足蹍左轉，左足出步成左弓步，回身左臂背捶，右臂展伸於右，眼視左拳（圖6—6—⑦）。

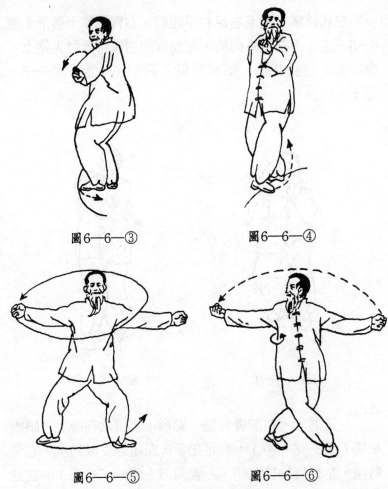

圖6—6—③　　　　　　　圖6—6—④

圖6—6—⑤　　　　　　　圖6—6—⑥

　　左足擺步，身左轉，右臂下垂閉身，眼視右臂（圖
6—6—⑧）。右足繞步270°，回身向後方成弓步，右臂弧
形向左下，再回至右上成一圓形，仰捶反背擊下，眼隨右
臂轉移視線（圖6—6—⑨）。身左轉，左足後出步成右實

左虛步，回身左臂反勾，眼視左臂（圖6—6—⑩）。右足
上步，右臂挑掌換式（圖6—6—⑪）。

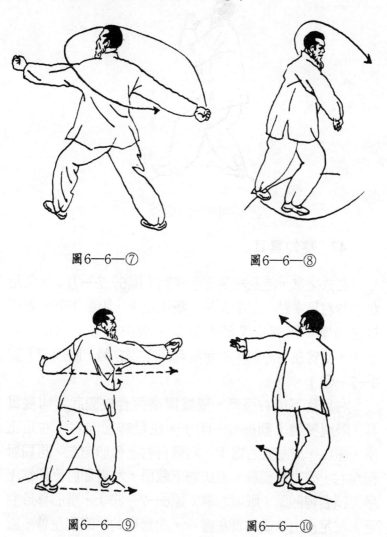

圖6—6—⑦　　　　　　　圖6—6—⑧

圖6—6—⑨　　　　　　　圖6—6—⑩

圖6—6—⑪

47. 雙勾貫耳

左式挑掌，走至左足左手在前（圖6—7—①）。左足
收步於右足虛點，左手勾拳，眼視左手，上動不停，右手
接著勾掌，兩臂交叉於左膝前，眼視雙掌（圖6—7—
②）。雙臂左右分開，右足提起成左獨立勢，眼前視（圖
6—7—③）。

右足落下成右弓步，雙臂握拳復合成圓狀，叫雙貫
耳，眼視雙臂（圖6—7—④）。左足轉踵向右，右足上
步，虛點，成左實右虛步，右臂自右上弧形向左，再屈肘
回向右，成立體圓形，虎口向下栽捶，左臂屈肘反仰掌上
舉，頸右轉回頭，眼視右掌（圖6—7—⑤），重心移於右
足，左足後出步成右實左虛步，左臂反勾，眼視左臂（圖
6—7—⑥）。右足上步，右臂挑掌換式（圖6—7—⑦）。

圖6—7—①

圖6—7—②

圖6—7—③

圖6—7—④

圖6—7—⑤

圖6—7—⑥

圖6—7—⑦

48．勾手豎攔掌

左式挑掌，走至左足左手在前（圖6—8—①）。左足收步於右足前，左手勾掌，眼視左手（圖6—8—②）。左足墊步，右足上步，足跟著地，成左實右虛步，左手勾後立即上提，右前臂自右至左屈肘上舉，與左前臂合擊於胸前，叫剪，右臂垂肘伸直，左臂屈肘於右肘內側，眼視右臂（圖6—8—③）。

圖6—8—①　　　　　圖6—8—②

身向左扭轉，兩足交叉成右實左虛步，左臂動一圓形回身至原方向背捶，右臂斜展伸於右，眼隨左臂轉移視線（圖6—8—④、圖6—8—⑤）。步不動，右臂按一圓形，左臂背捶一圓形，還成原狀（圖6—8—⑥、圖6—8—⑦）。

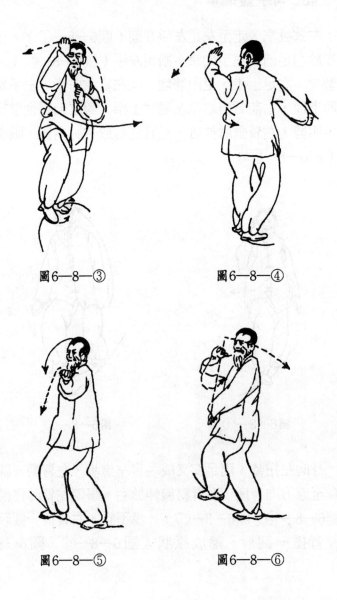

圖6—8—③　　　　　圖6—8—④

圖6—8—⑤　　　　　圖6—8—⑥

　　右足退步，左足撤步成右實左虛步，左臂反勾，眼視左臂（圖6—8—⑧）。左足出步，右足上步，右臂挑掌換式（圖6—8—⑨）。

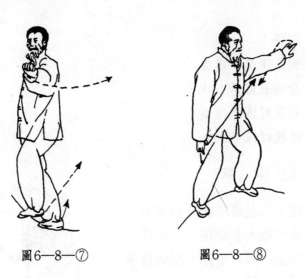

圖6—8—⑦　　　　　　圖6—8—⑧

圖6—8—⑨

第七掌　探　掌

口訣：

側身伸臂示虛空，

身胸暴露誘人攻，

引得對方乘隙進，

纏攬封探爭主動。

49.探　掌

此式爲右實左虛八卦掌步，身向左側屈體，左側在下右側在上，左臂向圈內仰掌平伸，高與肩平，右臂屈肘反仰掌舉於頭上，亦伸向圈內，兩臂上下並行，把頭部掩護在兩臂之中，腰向左扭轉，眼視左掌，叫左式探掌。這是在敵強我弱形勢下，先求保存自己，暫取守勢，以逸待勞戒備待動。

圖7—1—①

左式探掌，走至右足在前（圖7—1—①）。左足擺步，左手內旋纏腕，手掌向外，身向左翻，翻成左臂在上，右臂在下，右手由反仰掌換成仰掌，移於左腋下，眼視左掌（圖7—1—②）。

　　右足經左足前插步，兩足小趾相交合成三角形反扣
步，右手沿左臂外側仰掌前伸探掌，左手縮回屈肘時移於
右肘凹上，眼視右掌（圖7—1—③）。纏腕探掌兩個動作
鍛鍊時要一氣呵成。右式擺步，右腕內旋纏腕，身向右
翻，翻成右臂在上，左臂在下，左手由反仰掌外旋成仰
掌，移於右腋下，眼視右掌（圖7—1—④）。左足在右足
前插步，兩足小趾相交合成三角形反扣步，左手沿右臂外
側仰掌前伸探掌，右手縮回屈肘移於左肘凹上，眼視左掌
（圖7—1—⑤）。可重複一次。右足後墊步，左臂右撥頓
肘縮回，右臂覆掌探出，眼先視左肘，後視右掌（圖7—
1—⑥）。

圖7—1—②　　　　　　　　圖7—1—③

圖7—1—④　　　　　　　圖7—1—⑤

圖7—1—⑥　　　　　　　圖7—1—⑦

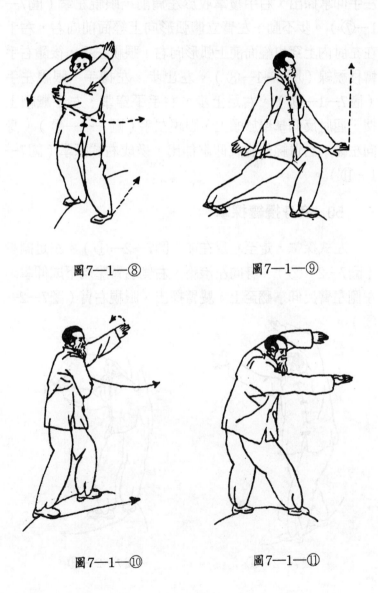

圖7—1—⑧　　　　　　　圖7—1—⑨

圖7—1—⑩　　　　　　　圖7—1—⑪

　　左足後跳步，右足跟著撤步，落地時成右實左虛步，左手仰掌探出，右手覆掌收於左肩前，眼視左掌（圖7－1－⑦）。步不動，左臂立體弧形向上經面前向右，右手在左肘內上穿也經面前上弧形向右，眼視左手，後隨右手轉移視線（圖7－1－⑧）。左出步，左摟手，眼視左手（圖7－1－⑨）。右足上步，右手平穿掌，左手繼續上摟，屈肘反仰掌舉於頭上，眼視左手（圖7－1－⑩）。身向左轉，右臂腕外旋成仰掌伸出，換成右式探掌（圖7－1－⑪）。

50．滾身攪纏探掌

　　左式探掌，走至右足在前（圖7－2－①）。左足擺步（圖7－2－②）。身向左滾壓，右側右臂壓向下成仰掌，左側左臂反仰掌翻至上，雙臂探出，眼視右臂（圖7－2－③）。

圖7－2－①　　　　　圖7－2－②

　　左足退步，右足跟步，左臂外旋、右臂內旋自右前下弧形同時向左後擺動，眼視左臂（圖7—2—④）。承上勢，雙臂上弧形回向右前探出，兩動合成一橢圓形，眼隨臂轉移視線（圖7—2—⑤）。右足扣步，右臂下垂閉身，眼視右臂（圖7—2—⑥）。

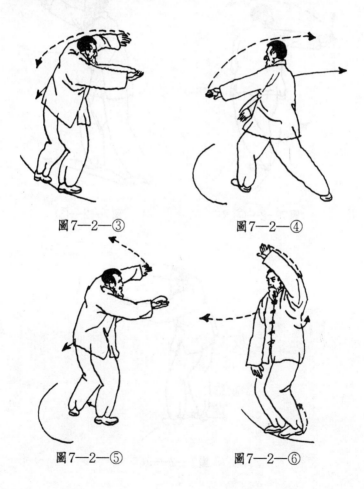

圖7—2—③　　　　　　　圖7—2—④

圖7—2—⑤　　　　　　　圖7—2—⑥

　　左足後出步，回身左臂反削，眼視左臂（圖7—2—
⑦）。左足墊步成左弓步，右臂仰掌穿於左腋下，左臂屈
肘反仰掌上舉，眼視左掌（圖7—2—⑧）。身向右轉，右
臂腕外旋成仰掌伸出，換成右式探掌（圖7—2—⑨）。

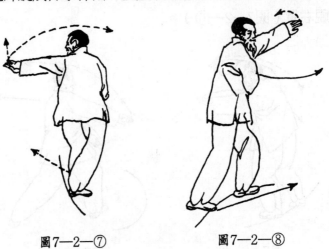

圖7—2—⑦　　　　　　　　圖7—2—⑧

圖7—2—⑨

51. 滾身劈剁掌

左式換掌走至右足在前（圖7—3—①）。左足擺步
（圖7—3—②）。身向左滾壓，右足上步，右臂仰掌壓向
下成仰掌，左臂反仰掌翻至上，左足跟步，雙臂探出，眼
視右臂（圖7—3—③）。

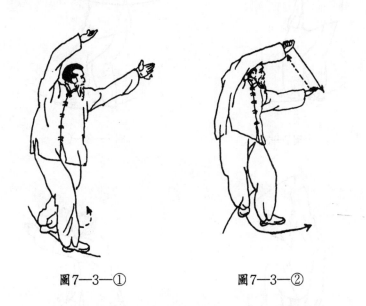

圖7—3—①　　　　　　圖7—3—②

左足退步，重心落實左足，左手至右上臂抓一下握成
拳（圖7—3—④）。承上勢，左臂屈肘提高，拳下垂於左
腋下，右手勾至右腋下，再上提高舉於頭上，右足，提高
成左獨立勢，眼視右手（圖7—3—⑤）。右足落地成右弓
步，右手弧形向下劈掌，左臂反仰掌上舉，眼視右掌（圖
7—3—⑥）。

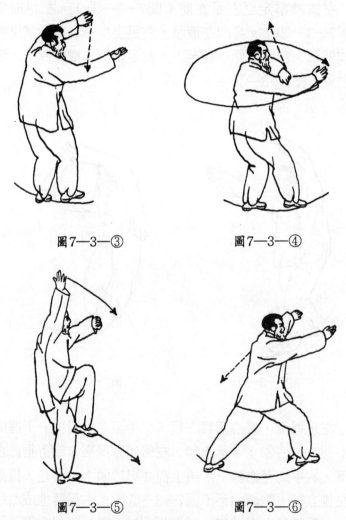

圖7—3—③   圖7—3—④

圖7—3—⑤   圖7—3—⑥

　　右踵左旋，左足後出步成左弓步，回身左臂摟手，眼
視左臂（圖7—3—⑦）。右臂仰掌穿於左腋下，左臂屈肘

反仰掌上舉，眼視前方（圖7—3—⑧）。右足上步，身向右轉，右臂腕外旋成仰掌伸出，換成右式探掌（圖7—3—⑨）。

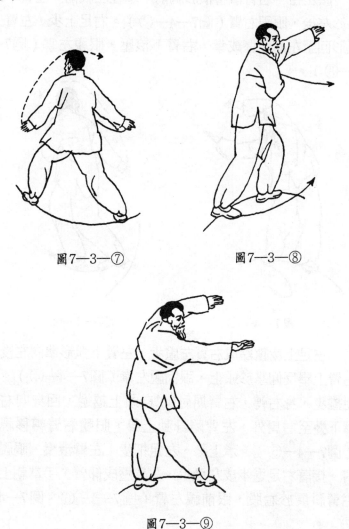

圖7—3—⑦　　　　　　　　圖7—3—⑧

圖7—3—⑨

52. 滾身封背掌

左式探掌，走至右足在前（圖7—4—①）。左足擺步，腰左扭，右臂滾壓橫於胸前，掌在左腋前，左臂下垂移於左後，眼視右臂（圖7—4—②）。右足上步，左臂上弧形回至左肩前握成拳，右臂下滾壓，眼視左掌（圖7—4—③）。

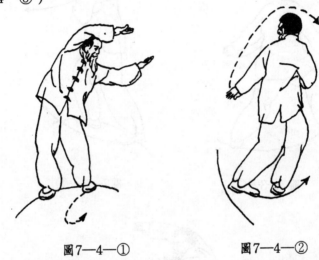

圖7—4—①　　　　圖7—4—②

左足上步重點成右實左虛步，左臂下弧形擊向左後，右臂上舉反仰掌於頭上，眼回視左拳（圖7—4—④）。右足擺步，身右轉，右臂屈肘90°自頭上越過，回身向右仰臂下疊至右肩外，左臂隨身動上舉，眼隨右臂轉移視線（圖7—4—⑤）。承上勢，左足扣步，左臂滾壓，眼視左臂。接著右足退步成左弓步，左臂壓成仰臂，手掌朝上，右臂斜展於右股，眼前視左臂（圖7—4—⑥、圖7—4—⑦）。

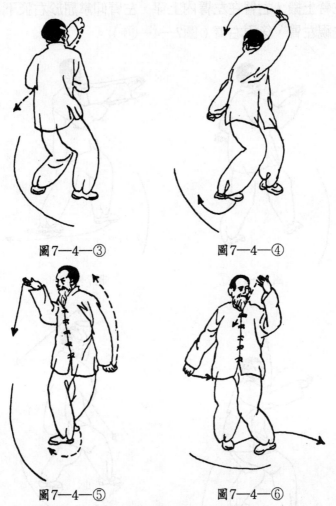

圖7—4—③　　　　　　圖7—4—④

圖7—4—⑤　　　　　　圖7—4—⑥

　　步不動，右臂由左臂上覆探掌，眼視右掌（圖7—4—
⑧）。疊滾探三個動作要一氣呵成。左足後跳超越右足，
右足跟著後跳又超越左足成右實左虛步，右臂收回於右肩
前，左臂仰掌迎出，眼視左掌（圖7—4—⑨）。步不動，

左臂上搬，右臂在左臂內上穿，左臂仰掌屈於右腋下，眼
先視左臂，後視右臂（圖7—4—⑩）。

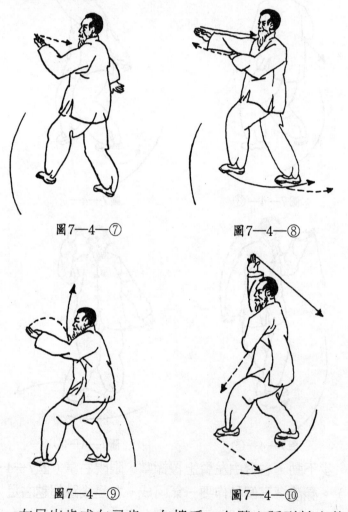

圖7—4—⑦　　　　圖7—4—⑧

圖7—4—⑨　　　　圖7—4—⑩

　左足出步成左弓步，左摟手，右臂上弧形於右後展
伸，眼視左手（圖7—4—⑪）。左臂屈肘反仰掌上舉，右

臂仰掌穿於左腋下，眼視左掌（圖7—4—⑫）。身向左轉，右臂腕外旋成仰掌伸出，換成右式探掌（圖7—4—⑬）。

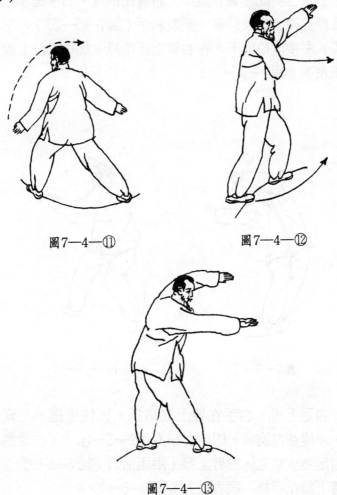

圖7—4—⑪　　　　　　　　圖7—4—⑫

圖7—4—⑬

53. 三扒掌

左式探掌，走至右足在前（圖7—5—①），左足擺步，右足上步成左實右虛步，右臂左滾身，右手握拳抓，左臂翻於頭上成反仰掌，眼視右手（圖7—5—②）。左足上步，左手虎口向下，在右臂上反手抓，抓後左肘上提，眼視左手（圖7—5—③）。

圖7—5—①　　　　圖7—5—②

右足上步，右手在臂上立掌抓，抓住後拖，左臂屈肘，拳提在左胸前，眼視右拳（圖7—5—④）。左足進步與右足並步站立，左臂上舉，眼視前方（圖7—5—⑤）。左臂下插左手抓，眼視前方（圖7—5—⑥）。

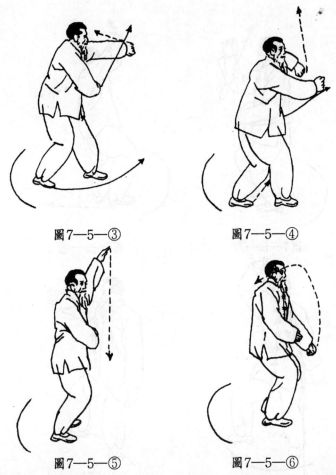

圖7—5—③　　　　　　　圖7—5—④

圖7—5—⑤　　　　　　　圖7—5—⑥

　　左足收步靠右足，同時左臂往左下復向上，前臂豎起
上弧形向右括面，右臂下垂於右股旁，眼視左臂（圖7—
5—⑦）。左擺步，左摟手，左臂上舉反仰掌於頭上，眼
視右前方（圖7—5—⑧）。左足上步成馬步，右臂由右下
抓成拳，眼視右掌（圖7—5—⑨）。

圖7－5－⑦　　　　　　圖7－5－⑧

圖7－5－⑨　　　　　　圖7－5－⑩

　　左足後出步，回身左臂反削，眼視左臂（圖7－5－
⑩）。左臂屈肘反仰掌上舉，右臂仰掌穿於左腋下，眼視
左掌（圖7－5－⑪）。身向右轉，右臂腕外旋成仰掌伸
出，換成右式探掌（圖7－5－⑫）。

圖7—5—⑪　　　　　　圖7—5—⑫

54. 扒掌高探捶

　　左式探掌，走至左足在前（圖7—6—①）。右足上步成左實右虛步，右臂左滾身，右手握拳抓，左臂翻於頭上成反仰掌，眼視右手（圖7—6—②）。步不動，左手抓，抓後左肘上提，眼視左手（圖7—6—③）。

　　右足外擺步，右臂屈成90°，身後仰，右臂經頭上疊至右肩外，同時左足上步回身，左臂握拳向圈外高探捶，眼視左拳（圖7—6—④、圖7—6—⑤）。步不動，左臂摟右肩下弧形至左反仰掌伸展，左臂下垂閉身至左腋下，再上弧形至右背捶，眼先視左手，後視右捶手（圖7—6—⑥、圖7—6—⑦）。

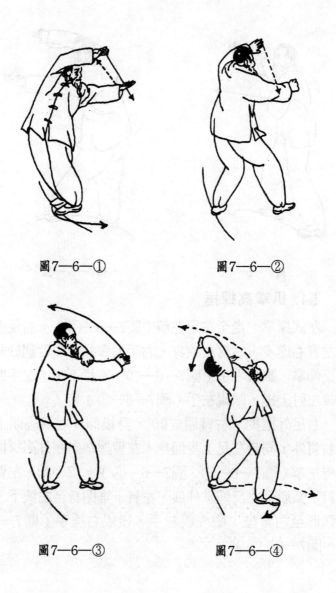

圖7—6—①　　　　　　圖7—6—②

圖7—6—③　　　　　　圖7—6—④

圖7－6－⑤   圖7－6－⑥

圖7－6－⑦   圖7－6－⑧

　　左足擺步，右足提起，兩臂伸直，雙手握拳，翻身360°，右足落地成馬步雙劈捶，眼隨雙拳轉移視線（圖7－6－⑧、圖7－6－⑨）。左足向左虛點成右實左虛步，左臂反削，眼視左臂（圖7－6－⑩），右足上步，成左實

右虛步,右手穿於左腋下,眼隨右手注視(圖7—6—
⑪)。腰右轉,右臂向右探出,雙臂自下攬向圈外,再上
弧形纏向圈內,換成右式探掌(圖7—6—⑫)。

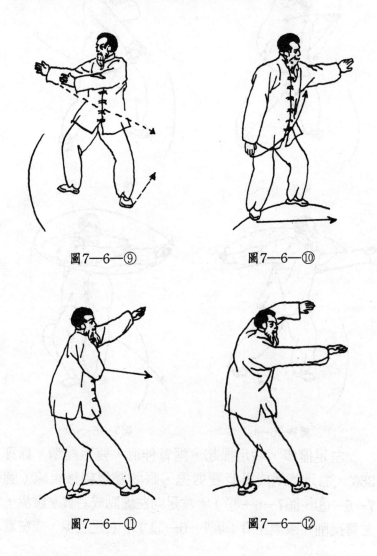

圖7—6—⑨   圖7—6—⑩

圖7—6—⑪   圖7—6—⑫

55. 封背削掌

　　左式探掌，走至右足在前（圖7—7—①）。左足擺步，腰左扭，右臂滾壓橫於胸前，掌在左腋前，左臂下垂移於左側，眼視左臂（圖7—7—②）。右足上步，左臂上弧形回擊至右前，握成拳，右臂下壓，眼視左拳（圖7—7—③），左足上步成前叉步，左臂下弧形擊向左後，右臂高舉反仰掌於頭上，眼回視左掌（圖7—7—④）。

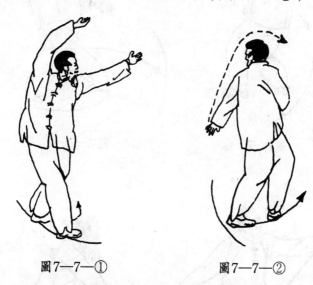

圖7—7—①　　　　　　　圖7—7—②

　　左足擺步，右足繞步270°，回身右臂掌，左臂斜展伸於左，眼視右掌（圖7—7—⑤）。左足退步，右足前插步成憩步，雙臂左外右內交叉下插於身右側，眼下視（圖7—7—⑥）。左足上步成左弓步，左摟手，右臂分開展伸於右，眼視左臂（圖7—7—⑦）。右足上步成左實右虛步，右臂仰掌穿於左腋下，左臂反仰掌上舉，眼視左掌

（圖7—7—⑧）。身向右轉，右臂腕外旋成仰掌伸出，換成右式探掌（圖7—7—⑨）。

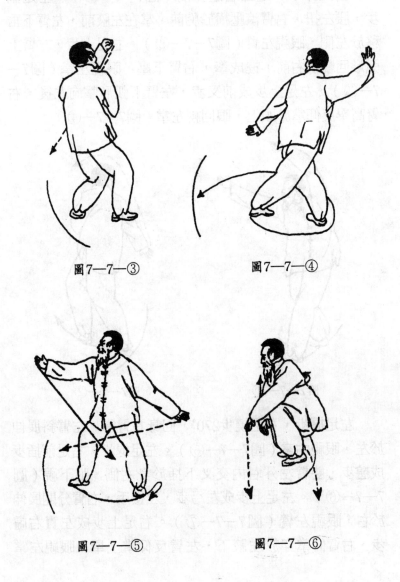

圖7—7—③　　　　　　圖7—7—④

圖7—7—⑤　　　　　　圖7—7—⑥

56. 猛虎回頭撲擊山崗連環腿

左腳尖內扣90度，身向右後轉（圖7—7—⑦）。右腿隨體轉而提膝，兩膝磨擦，左腳踏地，向前下挫步，同時右掌向前劈出（圖7—7—⑧）。左掌上撩於頭上（圖7—

圖7—7—⑦

圖7—7—⑧

圖7—7—⑨

56. 滾身扒蓋抄帶迎攪纏探掌

左式探掌，走至右足在前（圖7—8—①）。左足擺步，身向左扭，右臂滾壓至前，再向下垂直閉身至左側，左臂向下弧形至左後下，再向上弧形還至右肩上，眼視左掌（圖7—8—②）。

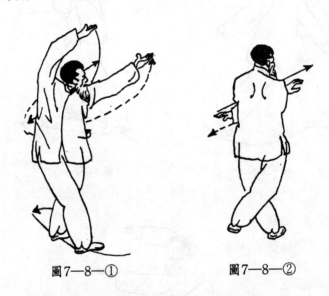

圖7—8—①　　　　　　圖7—8—②

承上勢，左臂繼續弧形摟向左下成反仰掌，斜展伸於左，右臂立體上弧形180°向右背掌，眼視右手（圖7—8—③）。回身左足墊步，右足上步，右手仰掌經頦下向上抄手，同時左手上搬於右掌上，眼視雙手（圖7—8—④）。右足上步，右臂腕內旋成覆掌，雙臂同時往右下帶，眼隨臂下視（圖7—8—⑤）。左臂反仰掌舉於頭上，右臂外旋成仰掌斜向上迎探，眼視右掌（圖7—8—⑥）。

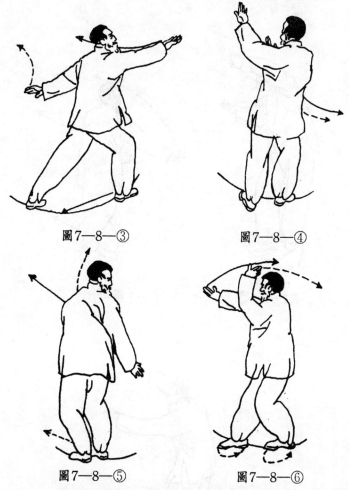

圖7—8—③　　　　　　圖7—8—④

圖7—8—⑤　　　　　　圖7—8—⑥

　　左足擺步，腰左轉，帶同雙臂大踏步向左下攪動，眼隨雙臂轉移視線（圖7—8—⑦、圖7—8—⑧）。承上勢，右足出步，雙臂自左下弧形向上，往圈內雙探掌，換成右式（圖7—8—⑨）。

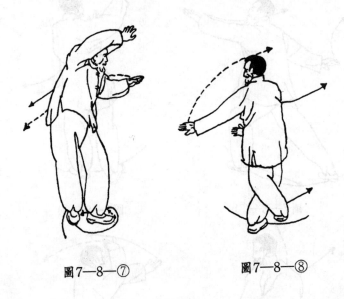

圖7—8—⑦   圖7—8—⑧

圖7—8—⑨

第八掌　翻身掌

口訣：

翻身掌法守爲攻，

翻滾繞轉隨人動，

順從客觀丟主觀，

穿扒掛游靈活用。

57. 翻身掌

　　左式探掌，走至左足在前（圖8—1—①），右足外擺步，身後仰向右翻，雙臂不動，眼視左掌（圖8—1—②）。扭動身軀翻360°，還成左式，方向不變，眼隨左掌轉移視線（圖8—1—③、圖8—1—④）。

圖8—1—①　　　　　　　　圖8—1—②

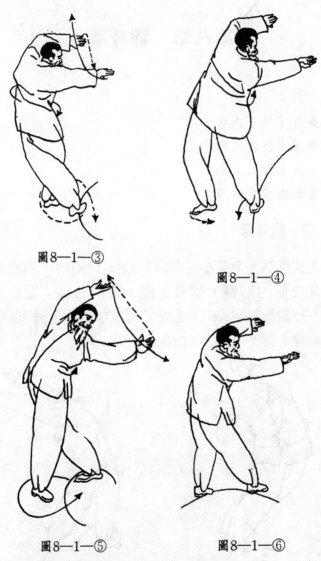

圖8—1—③

圖8—1—④

圖8—1—⑤

圖8—1—⑥

　　左式探掌，走至左足在前（圖8—1—⑤）。右足扣步，身後左滾壓，右臂壓向下成仰掌，左臂翻至上成反仰

掌，眼視右掌（圖8—1—⑥、圖8—1—⑦）。左足外擺步，身後仰向左翻，眼視右掌（圖8—1—⑧）。扭動身軀翻轉360°，換掌成右式（圖8—1—⑨）。

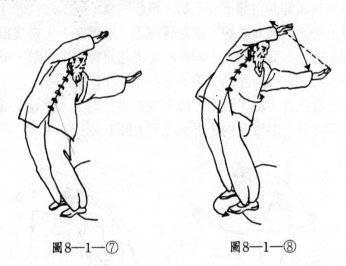

圖8—1—⑦　　　　　　圖8—1—⑧

圖8—1—⑨

58. 翻身雙分掌

左式探掌，走至左足在前（圖8—2—①）。右足外擺步，身後仰向右翻，臂不動，眼視左掌（圖8—2—②）。承上勢，繼續向右翻，成左臂在上，右臂在下，交叉舉於頭上，回身面向圈內，同時左足提起足背踢右足跟，成右獨立勢，眼回向圈內平視（圖8—2—③、圖8—2—④）。左足後跳步，右足跟步，蹲下成右實左虛步，雙臂下插，左臂在外，右臂在內，眼視左手（圖8—2—⑤）。

圖8—2—①　　　　　　　圖8—2—②

重心落實右足，雙臂左右分開。左足出步成左弓步，左摟手，右臂斜展於後，眼視左掌（圖8—2—⑥）。右足上步成右實左虛步，右臂仰掌平穿於左腋下，眼視右掌（圖8—2—⑦）。腰右轉，右臂外旋成仰掌，向圈內背掌，換成右式探掌（圖8—2—⑧）。

圖8—2—③

圖8—2—④

圖8—2—⑤

圖8—2—⑥

圖8—2—⑦　　　　　圖8—2—⑧

59. 滾身雙劈掌

左式探掌，走至右足在前
（圖8—3—①）。左足擺步，
雙臂向左滾壓，左臂在下成仰
掌，右臂翻在上成反仰掌，眼
視左掌（圖8—3—②）。承上
勢，右足上步，左足跟步，將
雙臂送出探掌，眼視右掌（圖
8—3—③）。

右足提起翻身360°，落地
成馬步雙臂捶，眼視雙臂（圖
8—3—④）。雙臂自下向左再

圖8—3—①

向上弧形攬纏雙探掌換成右式（圖8—3—⑤）。

圖8—3—②　　　　　　　　　圖8—3—③

圖8—3—④　　　　　　　　　圖8—3—⑤

60. 翻身抄帶迎掌

左式探掌，走至左足在前（圖8—4—①）。右足外擺步，身後仰向右翻，眼視左掌（圖8—4—②）。承上勢，左足上步，繼續右轉回身雙臂向圈內下插，成左實右虛步，眼隨臂下視（圖8—4—③）。

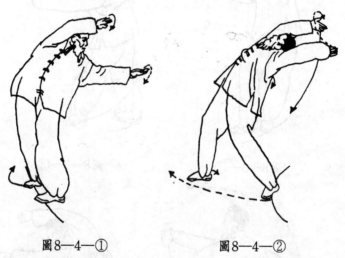

圖8—4—①　　　　　圖8—4—②

左臂先提起再擋右肩，右臂下垂，右前臂弧形向左上橫於胸前，手掌在左腋下，眼視左手（圖8—4—④）。承上勢，左臂繼續弧形摟向左下成反仰掌，斜展伸於左，右臂立體向上弧形180°向右背掌，眼視右手（圖8—4—⑤）。回身左足墊步，右足上步，右手仰掌經頦下向上抄手，同時左手上搬於右掌上，眼視雙手（圖8—4—⑥）。右足上步，右臂腕內旋成覆掌，雙臂同時往右下帶，眼隨臂下視（圖8—4—⑦）。

圖8—4—③　　　　　　　圖8—4—④

圖8—4—⑤　　　　　　　圖8—4—⑥

　　左臂反仰掌舉於頭上，右臂外旋成仰掌向斜上迎探，
眼視右掌（圖8—4—⑧）。左足擺步，腰左轉帶同雙臂自

右上向左下攪動（圖8─4─⑨）。承上勢，右足繞步，雙臂自左下弧形向上往圈內雙探掌換成右式，眼隨雙臂轉移視線（圖8─4─⑩、圖8─4─⑪）。

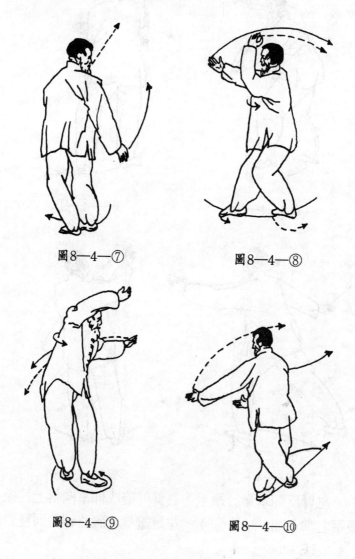

圖8─4─⑦

圖8─4─⑧

圖8─4─⑨

圖8─4─⑩

圖8—4—⑪

61. 游身探掌

　　左式探掌，走至右足在前（圖8—5—①）。左足擺步，重心落實左足，腰左轉，雙臂向左下攬。眼隨臂下視（圖8—5—②）。右足前插步，兩足小趾相合成反扣步，腰向右擺屈，帶同雙臂弧形纏向右，眼隨臂轉移視線（圖8—5—③、圖8—5—④）。

　　右足擺步，重心落實右足，腰右轉，雙臂向右下攬，眼隨臂下視（圖8—5—⑤）。左足前插步，兩足小趾相合成反扣步，腰向左擺屈，帶同雙臂弧形纏向左，眼隨臂轉移視線（圖8—5—⑥）。以上為一訓練過程，可重複訓練。右足外擺步，身後仰向右翻，雙臂不動，眼視右掌。

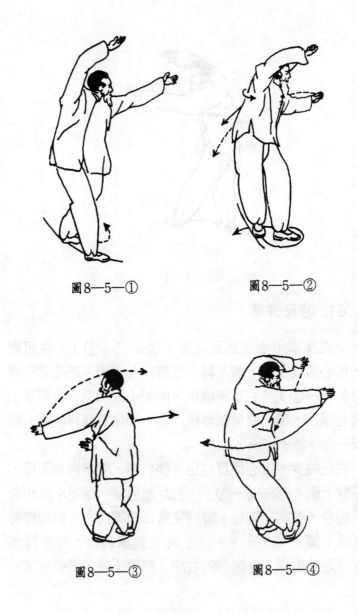

圖8—5—①　　　　　圖8—5—②

圖8—5—③　　　　　圖8—5—④

圖8—5—⑤

圖8—5—⑥

　　承上勢，繼續向右翻，成
左臂在上，右臂在下，回身面
向圈內（圖8—5—⑦）。雙臂
攬向左下，眼視雙臂（圖8—
5—⑧）。承上勢，再弧形向上
纏向圈換成右式（圖8—5—
⑨）。

圖8—5—⑦

圖8─5─⑧　　　　　　圖8─5─⑨

62. 三穿掌

　　左式探掌，走至左足在前（圖8─6─①）。右足前插步，身向右擺屈，雙臂自上弧形向圈外背掌，右臂仰掌在下，左臂反仰掌在上，眼隨臂轉移視線（圖8─6─②）。右足上步，腰右轉，左臂外旋成仰掌，弧形繞至左肩前，經左頰下穿向右上，右臂內旋成覆掌移於右胯側，眼視左掌（圖8─6─③）。

　　左足上步，腰左轉，右臂外旋成仰掌，弧形繞至右肩前，經左頰下穿向右上，左臂內旋成覆掌移於左胯側，眼視右掌（圖8─6─④）。右足上步提起成左獨立勢，左臂外旋成仰掌，經左臂內上穿，交叉於面前，眼視雙臂（圖8─6─⑤）。右足落地成弓步，臂內旋成覆掌，虎口相對，眼視雙臂（圖8─6─⑥）。

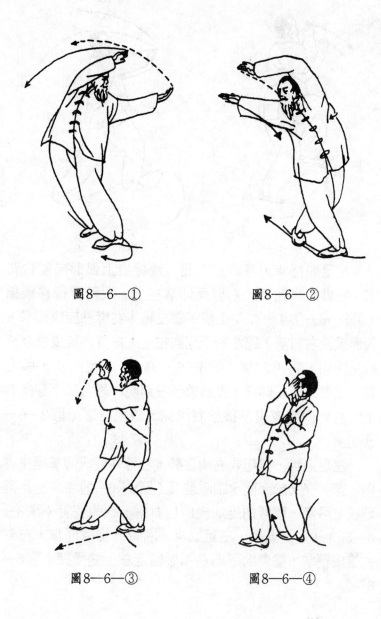

圖8—6—①　　　　　　　　圖8—6—②

圖8—6—③　　　　　　　　圖8—6—④

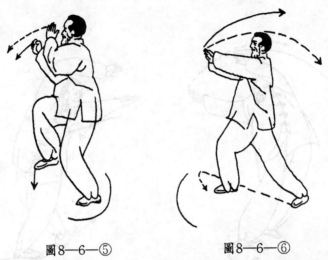

圖8—6—⑤　　　　圖8—6—⑥

　　左足前插步，身向左擺屈，雙臂自上弧形向圈內背掌，左臂仰掌在下，右臂反仰掌在上，眼隨臂轉移視線（圖8—6—⑦）。左足上步，腰左轉，右臂外旋成仰掌，弧形繞至右肩前，經左頰下穿向左上，左臂內旋成覆掌移於左胯側，眼視右掌（圖8—6—⑧）。右足上步，腰右轉，左臂外旋成仰掌，弧形繞至左肩前，經右頰下穿向右上，右臂內旋成覆掌移於右胯側，眼視左掌（圖8—6—⑨）。

　　左足上步，提起成右獨立勢，右臂外旋成仰掌經左臂內上穿，交叉於面前，眼視雙臂（圖8—6—⑩）。左足落地成左弓步，雙臂內旋成虎口相對擊，眼視雙臂（圖8—6—⑪），右足退步，左足跟步，右臂外旋成仰掌，左臂內旋成覆掌，雙臂向下向右弧形回至左上雙攬探（圖8—6—⑫）。

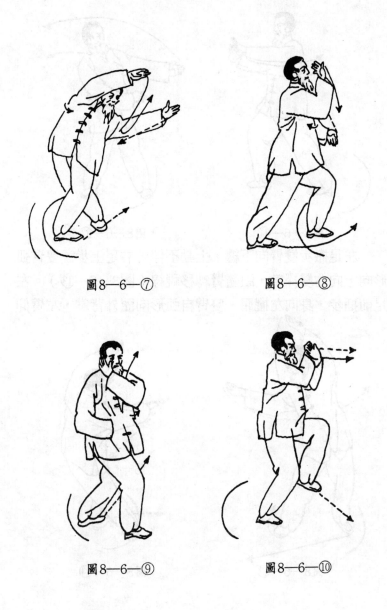

圖8－6－⑦　　　　　圖8－6－⑧

圖8－6－⑨　　　　　圖8－6－⑩

圖8－6－⑪   圖8－6－⑫

　　左足撤步雙臂向下纏，上動不停，右足上步，雙臂弧形向上向右雙探掌，眼隨臂轉移視線（圖8－6－⑬）。左足前插步，身向左擺屈，雙臂自弧形向圈外背掌，左臂仰

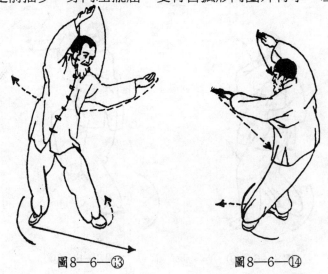

圖8－6－⑬   圖8－6－⑭

掌在下，右臂反仰掌在上，眼隨臂轉移視線（圖8—6—
⑭），左足上步，腰左轉，右臂外旋成仰掌，弧形繞至右
肩前，經左頰下穿向左上，左臂內旋成覆掌移於左胯側，
眼視右掌（圖8—6—⑮）。

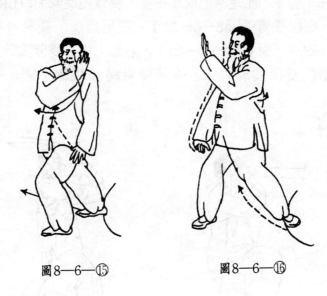

圖8—6—⑮　　　　　　圖8—6—⑯

　　右足上步，腰右轉，左臂外旋成仰掌，弧形繞至右肩前，經右頰下穿向右上，右臂內旋成覆掌移於右胯側，眼視左掌（圖8—6—⑯）。左足上步提起成右獨立勢，右臂外旋成仰掌，經左臂內上穿，交叉於面前，眼視雙臂（圖8—6—⑰）。左足落地成左弓步，雙臂內旋成虎口相對撞擊，眼視雙臂（圖8—6—⑱）。左足退步，雙臂向左下攬，眼左下視（圖8—6—⑲），右足上步，雙臂弧形向上向圈內雙探換成右式，眼隨雙臂轉移視線（圖8—6—⑳）。

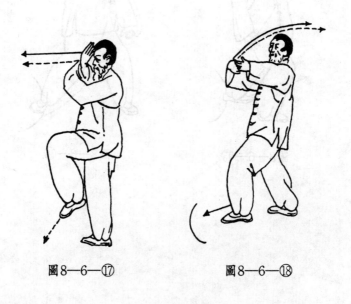

圖8—6—⑰　　　　　　　圖8—6—⑱

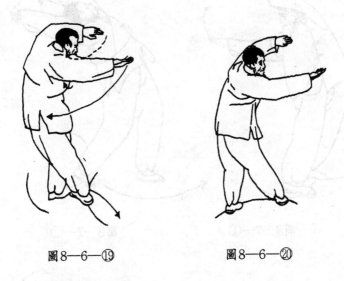

圖8—6—⑲　　　　　　圖8—6—⑳

63. 翻身反掛掌

　　左式探掌，走至左足在前（圖8—7—①），右足外擺步，身後仰，後轉翻身360°，左臂翻至上，右臂滾向下，右手握拳反抓，眼視右手（圖8—7—②）。左足上步，左手握拳平面弧形反掛向左，眼視左手（圖8—7—③）。

　　步不動，右臂仰掌平面弧形向右背掌；眼視右臂（圖8—7—④）。左足外擺步，身後仰，左轉翻身360°，右臂翻至上，左臂滾向下，左手握拳反抓，眼視左前方（圖8—7—⑤）。右足上步，右手握拳平面弧形反掛向右，眼視右手（圖8—7—⑥）。

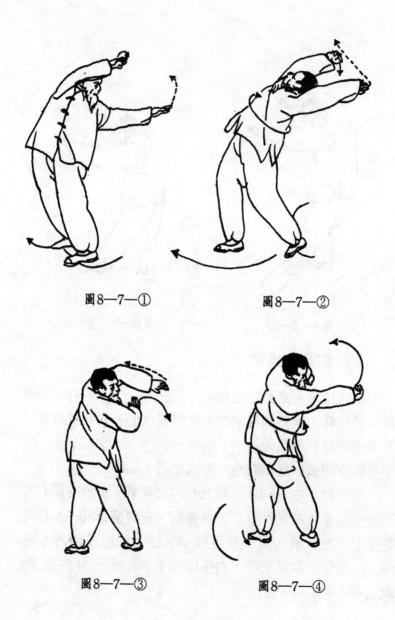

圖8—7—①　　　　　圖8—7—②

圖8—7—③　　　　　圖8—7—④

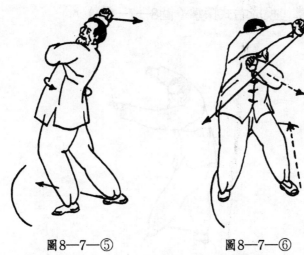

圖8—7—⑤　　　　　　圖8—7—⑥

　　左足出步成左弓步，左摟手，右臂斜展於後，眼視左掌（圖8—7—⑦）。右足上步成左實右虛步，右臂仰掌平穿於左腋下，眼視前方（圖8—7—⑧）。腰右轉，右臂向

圖8—7—⑦　　　　　　圖8—7—⑧

圈內背掌，換成右式探掌（圖8—7—⑨）。

圖8—7—⑨

64. 轉換掌

右實左虛八卦掌步，兩臂左右分開仰掌平展，使背後兩肩胛骨接近碰在一起來擴張胸肺，含胸拔背，胸部不可挺突，腰向左扭，眼視左手（圖8—8—①）。按式走掌走至左足在前，右足退步，左足跟步虛點，腰向右扭動，帶同左臂平面形仰掌至前，右臂仰掌平展至後（圖8—8—②）。接著左前臂弧形向右撥動一半圓形，收回至左胸前，上臂與前臂成90°角，眼視肘部（圖8—8—③）。

左足出步，右足上步成左實右虛步，左前臂外旋成仰掌，伸直換式，右臂仰掌平展於後，始終不動（圖8—8—④）。

圖8—8—①　　　　　　圖8—8—②

圖8—8—③　　　　　　圖8—8—④

收式：銜接掌（抱球勢）

兩圓形並在一起成「∞」形，人站在兩圓形線交接

處，右實左虛步，左臂屈肘覆掌於左肩前，右臂屈肘時仰掌橫於上腹部，掌貼於左胯前，兩掌上下相對，好像抱一圓球樣，眼視左掌（圖9—①）。左足先行，腰左扭轉帶動兩臂不斷移動，走到一圈交接線的另一端，左臂立體弧形翻向下，至左胯外側成仰掌，右臂仰掌上托至臉左側換成覆掌，眼視右掌（圖9—②）。右足上步走上另一圓形，腰向右扭轉，雙臂向右不斷移動，左臂仰掌至右胯內側，橫於上腹部，右臂覆掌移動至右肩前，左掌在下，右掌在上，上下相對，好像抱一圓球樣，眼視右掌（圖9—③）。

　　走至一圈交接線時，左足上步走上另一圓形，右臂立體弧形翻向下，至右胯外側成仰掌，左臂仰掌上托至臉右側換成覆掌，眼視左掌（圖9—④、圖9—⑤、圖9—⑥）。如此不斷反覆訓練，可銜接六十四掌中任何一掌。又因其形態像抱一圓球轉動，又叫抱球勢。

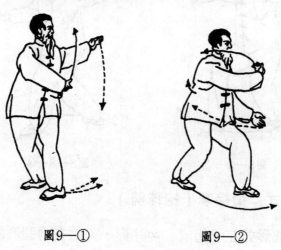

圖9—①　　　　　　圖9—②

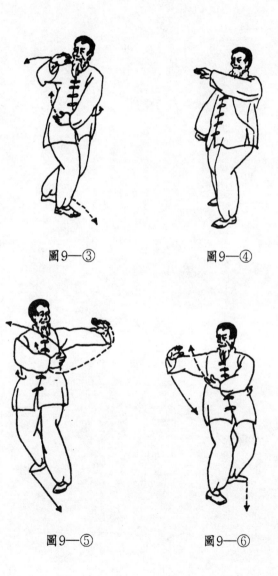

圖9─③　　　　　　　　圖9─④

圖9─⑤　　　　　　　　圖9─⑥

第五章

∽∽∽∽∽∽∽∽∽∽∽∽∽∽

八卦掌三十六歌訣釋秘

第一首

頭頂頜勾身正直，塌腰鼓腹虛實步，
沉肩墜肘伸前臂，扭腕挺掌食指拉。

這是入卦掌基本樁步的要求。頭頂：也叫「拔頂」，
是頭向上挺直擺正。頜勾：是下巴勾正，保持頭頸端正，
頭位不前俯，不後仰，也不左右傾斜。頭頂頜勾是相輔相
成的。第一句的意思，是要求在這種姿態下，保持頭項身
軀正直。塌腰：是腰部向前坦出。鼓腹：是腹部充實鼓
起。這個要求也是相輔相成的。虛實步：是步型的要求，
即一腳實步，一腳虛步形成的步型。八卦掌的這個步型，
後腳實，前腳虛，兩腳斜平行，實腳維持重心，虛腳便於
轉動。沉肩：是把肩關節鬆開，肩不聳起，同時兩肩部要
平整，不可一肩高一肩低。墜肘：是肘置於下，整句的意
思是，肩關節鬆開臂膀伸出，肘關節微屈下垂。扭腕：腕
關節向內扭轉。挺掌：手掌向外挺勁，食指朝挺掌的相反
方向回拉。

第二首

一臂伸推一臂屈，眼向伸臂虎口瞧，
伸臂推把屈拉弦，好如彎弓射大雕。

一臂伸展一臂屈曲，眼睛向伸臂的虎口注視。伸臂模
仿推弓把形式，屈臂模仿拉弓弦，是彎弓射箭的姿態。站
樁時始終保持這個手型。全神貫注，毫不鬆懈，在走掌時
也是一樣，全力以赴地在這形態下盤旋往返走圓圈。

第三首

虎口圓撐掌心凹，拉指挺掌指上翹，
推把拉弦擴胸肺，屈膝躬步練腿功。

　　虎口是拇指與食指之間部位，要求拇指與食指把這個部位撐開似半圓形，手掌掌心要凹陷，拉食指挺掌，手指全部上翹。推把拉弦的動作能起擴胸肺的健身作用，屈膝躬步訓練腿的步伐基本功。

第四首

屈膝躬腿蹚泥步，外扣內直走圓圈，
扭腰塌腰把肛提，形如推磨團團轉。

　　第一句談在屈膝躬腿的形態下用蹚泥步走圈。八卦掌鍛鍊，最主要重點訓練兩條腿，達到靈活適用兩條腿。蹚泥步好像在濕滑的泥土地上行走，戰戰兢兢怕滑跌一樣。第二句講走動的時候，外足要扣，內足直走。伸臂同側的足叫內足，屈臂同側的足叫外足。扣：是足尖微向內、腳跟略向外的腳型，這樣才能走成圓形。第三句說走的時候要塌腰扭腰，收提肛門，達到下部隱固，氣沉丹田，腹實腿健。第四句形容走圈的形態像人工推磨轉圓圈。

第五首

扭腰扭頸塌腰鼓腹，屈膝躬腿腳趾抓地，
身隨步轉手隨身扭，結合呼吸化納吐攻。

　　扭是扭轉，扭腰是扭轉腰部，扭頸是扭轉頸部，頸和

腰向同一方向扭。塌腰鼓腹是一個作用，腰一塌自然而然
地把腹部也鼓起來了，這樣利於腹式呼吸的形成，術語所
謂「氣沉丹田」。腹式呼吸須經常保持，行動坐臥都要氣
沉丹田，養成這個習慣。在練掌走時候要配合呼吸，先是
一步一呼，一步一吸，逐漸地呼吸練得深長，二步一呼，
二步一吸，以至更長。在換掌活動，也要配合。走掌時，
屈膝躬腿把身軀蹲下來，腳落地時要用腳趾抓地。身隨步
轉圈，手隨著身同一方向扭拉挺推。在換掌活動時呼吸結
合動作，攻擊型的動作配合吐氣，解化防禦型動作配合吸
氣。

第六首

　　走掌身軀莫傾斜，前俯後仰都禁忌，
　　　扭腰小腹緊貼股，步履沉著勢平穩。
　　走掌的時候，軀幹不能傾斜，前俯後仰也都禁忌。這
樣說是要身軀中正，術語所謂「尾閭中正，頭頸貫頂」。
腰要扭，伸左臂則向左扭，小腹緊緊貼靠著左股部，伸右
臂則向右扭腰，小腹緊緊貼靠著右股部。步履要沉著，身
手要平穩，走的架勢不可有起伏，不能像波浪樣有漲落高
低。

第七首

　　勢勢動作左右練，循環往返不散頓，
　　　先向穩實求平正，神奇百變熟中生。
　　每個動作都要左右鍛鍊純熟，循環往返不斷地練習。

在練習的時候要按質按量，不散漫，不停頓，尤其在與人交手時，不能有頓，一頓即輸。先踏踏實實，認認真真地求動作恭正，合乎規格，打好基本功。多練出智慧，練到純熟，自能熟中生巧。由不會到會，由會到練好，由練好到練精，由精到出神入化，是經過長期艱苦鍛鍊得來的。武術所謂的「出神入化」，是能在客觀的環境中適應，得心應手，運用自如。

第八首

穿掌手貼肘下出，避實乘虛才有功，

腳踏中門尋門路，斜出正入隨人動。

第一句指導穿掌從什麼地方出去，要緊貼自己的另一臂的肘下發出去。第二句是出擊的時候，要避其實擊其虛，攻其弱點才能事半功倍，容易得手。第三句是以避實擊虛的方式踏中門。中門的部位各家說法不一，八卦掌所謂的中門，是指兩腳踝外側的中部。第四句是講怎樣去踏中門，辦法是步法斜出正入，還要隨敵人的變動而變動，因勢制宜。

第九首

穿掌手法要牢記，後掌穿出前掌收，

相互配合相輔成，身手腰步齊變動。

穿掌是八卦掌重要手法之一，因此教導學習的人要記牢，方法是後掌穿出的同時前掌掩護收回。穿掌活動，二手相互配合，相輔相成，穿有穿的作用，收有收的意義。

在手穿出或收回的時候，身、腰、步行動都要配合一致，
一齊變動。·

第十首

走圈三盤逐步練，初練上盤架稍高，
中盤屈膝勢漸蹲，低盤講究平膝胯。

八卦掌以練走爲主要鍛鍊中心，重點訓練兩條腿，達
到靈活適用兩條腿。不同的練法有三種，稱做「三盤」。
開始鍛鍊時，架勢可以略高一些，叫「上盤」練法。繼而
膝漸蹲屈，架勢低一些，叫「中盤」，練到胯與膝同等平
時，叫「下盤」。架勢蹲得愈低，運動量愈大。

有人要問這三盤的低度以什麼標準。這裡說明以最低
的平膝胯爲準繩，從這個標準中再產生一個上盤目標，再
由上盤下盤之間劃一目標爲中盤，這是一般的劃分法。

第十一首

舌抵上顎鼻呼吸，氣沉丹田同導引，
動作呼吸應配合，得機得勢輕鬆靈。

鍛鍊時用鼻呼吸，呼吸要舌抵上腭，還要深長沉細。
氣沉丹田是腹式呼吸，呼吸時腹一鼓一縮。氣功古代稱作
導引術，八卦掌鍛鍊呼吸像做氣功一樣。動作與呼吸配
合，一般是攻擊型動作用呼氣，解化防禦型動作用吸氣。
動作結合了呼吸，動作便會更輕鬆靈活，得機得勢。

第十二首

上下相隨宜一致，身手順隨腰腿動，
步法變化走轉移，機動靈活合時機。

　動作的活動，要全身上下配合一致，身手順隨著腰腿活動。俗語說「手膀拗不過大腿」，這句話也就是說，單純手動，會不得機不得勢，難以完成動作的要求，結合了腳步的一動，就能活動得利索機靈，合乎規格。步法變化目的是爲了轉移走讓目標，動作要機動靈活，適應對方，切合時機。

第十三首

扣步形成正三角，足尖膝蓋同相合，
擺步成爲八字形，足尖腳跟二交合。

　扣步擺步是八卦掌兩個最主要步法。前腳不動，後腳合上去，形成兩足尖兩膝蓋相合，成爲一個三角形，叫做「扣步」。前腳不動後腳上步，腳跟與腳足尖相交合，叫做「擺步」。

第十四首

上步後足超前足，進步前足向前行，
撤步前足越後足，退步後足向後行。

　後足前進超過前足叫「上步」，前足向前行走叫「進步」，前足後退越過後足叫「撤步」，後足退後叫「退步」。

第十五首

尚德不尚力，尚智不尚勇，
尚力與尚勇，遲早必落空。

要講武德，不倚仗強力欺人，在萬不得已時與人動手，要靠智謀，不尚匹夫之勇。憑力勇凌人，強中更有強中手，逞勇一時，未遇高手，遇到比你強的人，你就會失敗落空。

第十六首

身如游龍雁騰空，虎撞黿泳蛇行動，
圍回聯連勢無定，斜橫進退談笑中。

中國古代以游龍來形容矯健靈活，雁騰空：像雁在天空中飛翔自如。虎撞：模仿虎的抓撲動態，黿泳：仿烏龜在水中昂首游泳，划水動態。身腰轉動模仿蛇行動時盤旋曲折和取食時昂首一縮一伸形態。這些動作，在運用時圍繞對方迂迴往返，聯連不斷，因勢利導，變化無定，鎮定安閒，好像與人嬉戲玩笑一樣，揮灑自如，輕鬆愉快。

第十七首

此掌奧妙在走圈，步法制勝腳力功，
扣擺繞行蹤莫測，視前忽後幻變奇。

八卦掌奧妙在步法機動靈活，用走圓圈的方式訓練兩條腿，靈活運用兩條腿，達到以步法腳力制勝，全在平時走圈腳力訓練，步法的訓練多種多樣，扣步、擺步、繞步

是主要幾種步法訓練方式。這幾種步法練好以後，步法的轉換就會快速敏捷，在運用的時候行蹤變幻莫測，往往看著在前面，卻突然出現在身後。

第十八首

腳踏中門尋門路，手隨人動順敵情，
　起而未落占中央，敵縱有備亦難防。

防禦或進攻的時候，我們自己的腳要尋踏對方的「中門」。各派武術有各自所謂的「中門」。八卦掌東城派所謂的「中門」是對方兩腳踝外側的中部，目的是避實擊虛。同時出手要隨對方活動變化情況而異，不同的「招著」用不同的手法應付，切忌夸夸其談，說我這招任何手法都能破，這是不客觀的。當我們手起時，對方交了手法，那我們應該佔據中央，在中央這個部位舉起落下，途徑接近，容易達到，攻防俱便。還有我們佔進了對方中門地位，我們就佔了優勢，對方就落了劣勢，處境被動，常是不得機不得勢，處處受牽制，易受攻擊，而難防守。

第十九首

出手要一不要二，以多勝少要記牢，
　若能識得其中意，優勢常在掌握中。

對方攻擊我們的時候，我應付對方，要依據對方的形勢，選擇還擊對方的目標。在這個目標，雙方的形勢，對方是一，而我是二。對方是一手一腳，而我的形勢要二手二腳對付一手一腳，是以多勝少。如果能懂得以多勝少的

意義，我們便常處於優勢地位。

第二十首

出手招招因人動，封閉對方最有功，

步從三角轉移妙，手取十字利化攻。

我們出手招招著著要隨客觀情況變動，這是從被動中爭主動的要求。發出的招著要能封閉住對方的手腳，「步從三角，手取十字」是其主要動靜方式方法。八卦掌常敎導人，步從三角，手取十字。

第二十一首　單換掌訣

出手順敵意，提防左右攻，

敵退前足起，敵進後足行。

出手符合對方意圖，順從客觀。防備左右兩側進攻，對方撤退時我先動前足，對方前進我先動後足。

第二十二首　走身掌訣

敵進我走避銳鋒，讓出地位引落空，

回首一擊常切中，敗中取勝時有功。

敵人進攻我用走，步法轉移，避讓他的猛烈攻勢。走的目的是轉移目標，讓出地位引人落空。當我轉移到有利反攻的地位時，出其不意，回首一擊，常常能擊中敵人，這種動作起敗中取勝的作用。在被動中一定要爭取得主動，否則就成武術俗語所謂「只有招架之功，全無還手之能」的狀態。

第二十三首　轉身掌訣

敵正我正奇，敵奇我奇正，

柔身拉舵尾，順水駕輕舟。

交手的時候，在方位上來說，敵人處於正位，我的處位要正中有奇。敵人處於奇位的時候，那我就要奇中有正。化勁要像航船時轉向推動船舵一樣，順其性能，要像順水駕舟，依著水勢，隨波逐流，順流而下，在這種情況下船也輕快了。

第二十四首　背身掌訣

擊左右應，擊前後應，

相互呼應，使敵難應。

敵人攻擊我的左側，我用右側肢體救應，攻擊我的前方，我由後方救應，如常山蛇，擊首則尾應，擊中則首尾相應，是八卦掌應用相互救應的一種方式。在自己方面，起到相互呼應、相互救應的作用，使對方一擊不中，他自己卻同時受到了還擊，感到突然難以應付。

第二十五首　回頭掌訣

閉滾防左右，回頭退為進，

近擠走離遠，付力長身形。

閉滾兩個動作的作用是防禦左方和右方來的攻擊，回頭這個動作是以退為進，形式上看去像是後退，而作用卻是為了進攻。有時候對方發動攻勢，我避讓不及，反面擠

近對方，迎上去，就進入不在對方攻擊力點之下，一面掩護一面攻擊。由於我距離近，後動常能先到，對方的手被動在外，遠水救不了近火。走離遠是倒裝句，意思是對方離我遠時就發動攻擊，那我就用步法走動來轉移目標。付力長身形，是我們發勁動作的形態。

第二十六首　挑勾掌訣

挑掌藏身進步，勾掌退步進身，

敵人正面進攻，挑勾上下呼應。

做挑掌活動，在手挑掌的同時，要上同側的步，即左手挑上左步，右手挑上右步，卻要把身軀在手的掩護下隱藏起來。勾掌活動，在手勾時同側的步向後撤退。挑勾掌應用於敵人正面進攻時，我用這個動作上下相互救應。

第二十七首　探掌訣

側身伸臂示虛空，身胸暴露誘人攻，

引得對方乘隙進，纏攬封探爭主動。

探掌動作的形態，是側身雙臂上下平行，兩手掌向上，伸向一側，保護頭顱，把身胸暴露給人，引誘對方認為有空隙可乘，前來進攻。當引得對方乘虛進攻時，那我用纏繞封探等動作，因勢制宜，力爭主動。

第二十八首　翻身掌訣

翻身掌法守為攻，翻滾繞轉隨人動，

順從客觀丟主觀，穿扒掛游靈活用。

翻身掌法守爲攻，翻滾繞轉都是爲了適應對方而動，也就是因人而動，順從客觀變化，不強調主觀，是說明「隨人動」。武術的每一動作，都有其各自的適應性，萬能的「招著」是沒有的。動作去適應對方要有選擇，要靈活應用，切不可一成不變。八卦掌教導學以備戰，學以應戰。平時訓練，就是爲了鍛鍊技擊準備。有了這些基礎，才能有備無患，臨陣時不至於慌張失措，一籌莫展。

第二十九首

> 八卦掌法不擋架，予欲取捨順中成，
> 手出要擇途徑近，後發先至不勝防。

八卦掌與人交手不使用擋架的方式，不擋不架是八卦掌重要戰術之一。不擋不架是不與敵人硬爭強抗，而是用輕柔的手法，順依敵人動作的勁路和線路給予解化。有時乾脆地用步法轉移讓出目標給他攻擊，任他在這個空目標上發動攻勢。在轉移的同時，順著當時形勢出手還擊，還擊的途徑線路要近，常能起到發在人後、到在人先的作用，達到攻擊成功。

第三十首

> 粘黏連隨不丟頂，不擋不架順敵情，
> 讓出地位爭主動，動人將動動人靜。

第一句用粘黏連隨、不丟不頂來適應對方。第二句不架不擋的運用要切合敵情，順從敵人，隨機應變。第三句用讓出地位的方式，轉移目標來爭取主動。第四句是在什

麼時候動，動其將動是先發制人，動人將靜是以逸待勞。

第三十一首

人剛我柔全仗走，創造條件奪先手，
轉入我順人背時，柔轉剛分粘即發。

敵人猛烈攻擊，我用柔避其銳，主要是用走來適應。
走發像是落了後手，卻是爲了引進落空，創造條件，從被
動中爭奪先手。「我順」是自己處於有利形勢，即優勢
時，「人背」是對方處於不利形勢、劣勢時，在這個時
候，柔要轉變成剛，立即發勁。

第三十二首

剛在先分柔內藏，柔在前分剛相輔，
剛中藏柔柔寓剛，剛柔變化端在步。

剛在先時，要防止人家也剛，兩剛相遇，必有一傷，
遇著這種情況時，我就須以柔濟剛。柔在先時，人家也用
柔來應我，在這種情況下，我就須以剛濟柔。剛中有柔，
柔中藏剛，剛柔相輔相成。不能執一不化，是剛柔變化的
要求。對練八卦掌的人來說，剛柔的調濟，主要在步法的
靈活運用。

第三十三首

眼到手到腰腿到，全身協調勁發整，
能伸能屈步履穩，得機得勢能制人。

第一句是動作配合的要求，眼睛一有反映，身手腰腿

立即全部出動。全身能配合協調，發出來的勁，才充實完整，沉著鬆淨。能伸能屈，能發能收，伸屈也是相輔相成的，同時還要步履穩固。做到這些自己便常處在得機得勢的有利形勢下，方能克敵制勝。

第三十四首

　　精神貫注氣勢充，鎮定安閑不惶恐，
　　眼偵敵情是先鋒，憑仗手腳靈活用。

　　交手時，要精神貫注，氣勢充沛。同時還要鎮定安閑，不緊張，不惶恐。眼睛的任務是偵察敵情，所以說它是先鋒，衝鋒陷陣憑仗手腳，隨機應變，靈活運用，完成任務。

第三十五首

　　出手打人腰步催，進退咸宜腳跟隨，
　　悟得走化轉移意，八卦真諦在其中。

　　出手打人，要用腰與步配合催動，進退都要腳跟隨，用腳跟隨調配自己的重心，使轉移靈活，調節便利。八卦掌應敵主要是步法轉移，在交手時能悟得走化轉移的作用，那就是懂悟了八卦掌的要領，掌握了它的要點了。

第三十六首

　　八卦真諦不玄虛，順遂解化走轉移，
　　不擋不架不丟頂，捨己從人順敵情。

　　八卦掌的理論，不空虛不玄妙，是根據生理、物理得

出的總結。在那個時代，能得出這樣的合乎現代科學的理論，眞了不起。它的許多論點與辯證唯物主義思想吻合，更屬難能可貴。要順從客觀形勢和自己處境條件解化轉移，在不擋不架、不丟不頂原則下，拋掉主觀，依著實際情況，處理問題。情況是不斷變化的，在新的情況下，要用新的方法適應新環境。

論　讚

論兮讚兮三六首，八卦眞諦含其中，
默認揣摩苦鍛鍊，功夫不負有心人。
苦鍛鍊兮苦鍛鍊，日積月累貴有恆，
自強不息增技藝，尚武精神樂健康。

歌訣共三十六首，八卦掌的鍛鍊要領都包含於中。學者要體會認識和研究它的眞諦，按照它刻苦鍛鍊。鍛鍊要有恆心，日積月累，自強不息。功夫不負苦心勤練的人，自能在不斷鍛鍊中逐步功力提高，技藝增進。祖國武術，中華特有的尙武精神，使人幸福地歡度健康生活。

第六章

八卦掌四十八功法釋秘

一、身　法

身如游龍雁騰空，蜿蜒屈伸蛇行動，
翻繞旋轉腰主宰，斜橫進退談笑中。

八卦掌的身法姿態，要求像傳說中的龍在空中飛翔遊動翻騰，像鴻雁在空中飛騰。又像蛇行動時蜿蜒屈伸的狀態。模仿這些翻騰轉繞的姿態，都須由腰來主宰完成。在這些活動的進行中，要鎮靜悠閑，像跟小孩開玩笑一般，怡然地斜橫進退，瀟灑自如。

二、目　測

禦敵交手目測先，未曾行動看人肩，
安詳審勢尋出路，偵察反映唯目瞻。

抵禦敵人，搏鬥交手，首先要用目光觀測對方，未經動手先注視他的肩部。自己要安詳鎮定，察情勢尋出路。這個任務由眼睛負責，盡職盡能，觀察清楚，反映給神經中樞。

三、眼　明

心情鎮定眼如鏡，見景生情隨勢應，
最忌心慌眼不準，手忙腳亂失機靈。

抵抗敵人心情要鎮定，眼睛要明亮如鏡，全部看得清清楚楚，把見到的情況立時反映給神經中樞產生概念，根據客觀採取適當的對策，恰當地處理。切不可慌張忙亂，誤解敵情，導致手忙腳亂，失去機智，不能符合實際。

四、先　行

眼是先行探敵情，四面八方要看清，

任爾行動多變動，入我目中即分明。

眼像戰爭中的偵察員，主要任務是偵察敵情。在偵察中各方面都要偵查清楚，任你行動變幻多端，進入我目中即能分辨你的動靜虛實，企圖何在，一目了然。

五、審　勢

眼視四方形勢明，耳聽八方知動靜，

腳踏八卦走圓周，瞻前顧後獲敵情。

眼睛巡視四方，形勢要一目了然，耳朵要能聽清八方的動靜。八卦乃八個方位，腳步在這些方位上走圓形，看察巡查。瞻前顧後地發現對方情況，獲取情報，待機而動，有的放矢。

六、步　法

未經動梢根先動，手快不如步輕便，

轉移閃讓只半步，處境安全形勢變。

武術上，一般稱腿是根節，腰是中節，臂是梢節。未經動梢根先動，即手臂未動步先動。手動眼快，卻不如步動輕鬆利索，只要轉移閃讓半步，不利環境能轉化爲有利環境，形勢改變，由原先的劣勢轉成優勢，處境安全。

七、踏中門

邁步如虎氣勢雄，進退顧盼覓敵蹤，
腳踏中門奔敵路，敵縱有防也擊中。

行動邁步精神要充沛，像虎一樣氣勢。進前退後左顧右盼地尋找敵方蹤跡。腳踏中門爭取地位，奪得了中門，勝利就在望，敵方即使有防範，也難免遭到打擊。

八、斜出正入

步要穩實求機動，進退轉移尋敵蹤，
步從三角趾抓地，斜出正入妙無窮。

步伐的行動要穩實寓機動，應敵時因客觀情況進退轉移尋找敵蹤。走的步型常採用三角步，落地時腳趾抓地，腳趾抓地既能使步履穩實，又訓練全腳肌腱，對防治高血壓病有明顯效果，是八卦掌的又一獨特訓練方式。在這三角步中邊走邊打，斜出正入地完成以動制靜戰術。

九、續　進

發揮攻勢敵未倒，繼續進招彼難逃，
步進身隨向前邁，手腳身腰步齊到。

發動攻勢未把敵人打倒，此時對方雖未摔倒，已處於劣勢，我繼續進招，趁機追擊，對方常很難逃避。此時我身隨著步向前邁進，手腳身腰配合協調，一致行動，一到齊到。

十、連 追

我進敵退須跟隨，一步二步連步追，

緊迫對方退無路，續進一步勝利來。

對方退我進，須緊緊跟隨，有防範地、不放鬆地連步追趕，逼迫對方退無路，逃無門，那時我續進一步，輕巧地把勝利得來。

十一、虛 實

兩腿活動虛實明，偏沉則隨雙重滯，

變動轉移虛腳活，重心實腳穩維持。

第一句說明兩腳活動虛實要分明。第二句說明為什麼虛實要分明，偏沉則隨，偏沉的意思是用一隻腿維持重心，另一條腿虛步以待，可以隨意變動，行動來得快。雙重是兩腿都實，在這種情況下，如要變動，必須先調整一下虛實，因此說它是滯，滯則不靈活，行動便慢。後兩句說明腳虛實的作用，虛腿變動轉移靈活方便，實腿維持自身的重心，自身的重心穩固，是保證不失敗的一個重要因素。

十二、進 退

敵退我進前足起，敵進我退後足行，

步法進退須靈活，變化轉換符敵情。

第一句說明搏鬥時敵人後退，我前進追逐時前腳先行動，第二句說敵人進攻我撤退，用後腳先行動。第三句講

步法的進和退要機動靈活。第四句說明進退活動和變化調整，一定要符合客觀實際。

十三、掌　法

攻防互濟雙掌活，後掌發出前掌回，

虎口牛舌相呼應，隨屈就伸解身危。

八卦掌主要運用掌法克敵制勝，它指示攻防時刻雙手穿掌要相互調濟。互濟的方式是後掌發出，前掌收回，準備在一擊不中時，兩掌循環不停地相輔相成。或對方乘我出手時趁隙攻來，那我收回的手，就須防禦應敵，能攻能守，因勢制宜。口訣中形容說，前掌是虎口，進了虎口很難逃回；後掌像牛舌，進了牛口中的草，經牛舌一捲，都吞進胃中。兩掌攻防的招勢要不斷呼應，按照客觀情況，隨其屈就展伸地解脫自身危困。

十四、攻防相濟

攻防相濟要記牢，我出手時防人招，

進攻防禦轉化快，能攻善守藝始高。

攻防相濟要記牢，重複提一下，說明其重要性。當我攻擊出招時，要防對方的招，防患未然，有備無患。因此，在發動攻勢時，攻防的調濟，變換轉化要快，既要擅於攻擊，又須善於防守。

十五、攻防呼應

出手發招有呼應，發不準兮不妄發，

攻防形勢多變幻，發不中時防人發。

出手發招自己要有呼應，發招不準時，不輕易動。攻防的形勢變幻迅速，我未能擊中對方，那就得要防對方發招擊我。攻中要寓防。

十六、招　法

前臂直伸像虎口，後臂埋伏賽牛舌，

吞吐開合無定式，呼應變化合敵勢。

八卦掌變換式，前臂沉肩垂肘直伸，模仿開弓推弓把姿態，形容它就像虎口一樣，對方身手進入虎口，就有被吞噬的危險，後臂好像埋伏著牛舌，進入虎口關，後面還有牛舌關，處處設防。這二道防線吞吐開合，變化多端。吞吐的解釋，說化為吞，吞進對方的攻勢，如圍棋吃掉對方的子：攻為吐，吐出自己的力量，發動自己的招勢，打擊對方。運用起來處處隨著對方動靜招勢，打擊對方。

十七、發　勁

蓄勁充盈如張弓，發勁似箭迅離弦，

專主一方力脊發，沉著鬆淨氣當先。

蓄勁像開弓，要充盈拉滿鼓足，發勁以箭離弦，發有目標，乾脆利索，迅速準確直奔目標。力從脊發，更須集中，專主一方，沉著鬆淨，以氣領先。

十八、因勢利導

高打其下低打高，斜打胖子兩側敲，

若遇瘦子往裡擠，年邁老人不動招。

對敵時遇到身材高大的人，攻其下部，遇到低矮的人，擊其上部。若是逢著胖子，因其肥胖轉動不靈，攻其兩側。若遇瘦長的人，他手長腳長，打得遠。我們往他身邊擠，他便失去有利條件。年邁老人我們不與交手，這是武德。

十九、接　招

敵人來招不擋架，順其來勢只一下，

動靜快慢要合拍，隨屈就伸乘其瑕。

對方攻來我不招不架，順其動勢只一下，是戚繼光《紀效新書》介紹說的「不招不架，只是一下」。八卦掌戰術也主要講不擋不架。不擋不架，與不招不架意思是一致的，你打我時我打你，要你打我時打不到，我打你時只一下。因為人一舉手，一抬足，便顯瑕隙，藝高者乘其瑕隙，一下便能獲勝。所謂的只一下，動靜快慢，都要符合客觀實際，順隨對方動作尋其瑕隙，及時攻擊始能成功。

二十、解拿（一）

擒拿要用雙手動，兩手拿一自身空，

任何擒拿順他動，穿鼻刺眼敵勢鬆。

使用擒拿時要雙手齊用，兩手拿人家一隻手，卻把自

己的攻防工具都用上了，常形成自身無兵可用。再講擒拿雖有一定作用，但只要順其行動，隨著對方走，他就無法使此技。另外用穿其鼻、刺其眼等招法反擊，亦能解此危。

二十一、解拿（二）

> 你拿我分我轉身，我轉身分拿勢空，
> 任你擒拿多機巧，行動從人拿無功。

你拿我時轉身，我轉身時你的拿勢就鬆解。任對方擒拿百般機巧，只要依據對方制伏你的路線方向活動，就成功地解除了擒拿的威脅。

二十二、不重擒拿

> 八卦掌法不重拿，雙手拿一自失利，
> 若拿人兮不如打，應付人多更不宜。

八卦掌制人不重擒拿，它認為雙手拿對方一隻手，對自己不利，拿人失去了攻人打人作用和機會。認為能擒拿，就有條件打人，不如直接打人，在以寡敵眾的時候拿人，更不相宜。

二十三、封閉（一）

> 出手順從敵意動，封閉對方最有功，
> 若能封住對方勢，勝利便在我手中。

八卦掌在對抗時，要求出手順從對方動態，用封閉這個方式制人最為有利。八卦掌所謂的封閉，是順照對方行

動，使用一種方式。根據不同形式，用不同方式困住對方，使對方活動受制，如著圍棋子入虎口。所以說，能封閉住對方，勝利便落在自己手中。

二十四、封閉（二）

莫仗兩手快如風，一來一往顯神通，
閉你左手右無用，雙手齊來也是空。

不要仗著自己兩手迅速如風，一來一往恃勇前進。閉住你的左手，你的右手就失去了作用，你雙手齊來，也是空招，不起作用。

二十五、還　招

封閉固是護身招，粘黏連隨引敵招，
封住人招得還招，不即不離順敵招。

封閉雖是護身絕招，但是封閉住對方後，一定要還招反擊，出步謹記靠近對方招勢，不即不離地順著敵招行動，以粘黏連隨引動對方變招。

二十六、藝高一著

強制弱兮力逞能，快打慢兮動迅速，
最要技藝高一著，束手束腳受制伏。

強勝弱是憑力量勝人，快能打敗慢是因為動作迅速，最重要的是技藝要高超勝人，使對方束手束腳無所施其能，受到制伏。

二十七、讓開攻勢

彼力千鈞發敏捷，來勢凶猛同山倒，

讓開攻勢乘其隙，果斷機動迅還招。

對方發招力大勢快，凶猛得像山倒一樣，那怎樣應付呢？只要讓開他的攻勢，乘其動態的瑕隙，果斷機智地及時迅速還招。

二十八、斜　閃

敵手直入快如飛，先發制人勢勇猛，

若遇此情不宜退，斜出閃讓法如神。

對方迅速猛穿直入，勢不可當，先發制人。若遇著這種情況時，不要害怕，不要氣餒，更不宜後退，要沉著鎮靜，只要斜出閃讓，就能避開了他的攻勢。這個方法效果應驗如神，諸君不妨一試。

二十九、不擋不架

敵人勢狠你別怕，他打你時你攻他，

側身帶擊途徑近，不擋不架只一下。

對方來勢凶狠，你別怕他，當他攻來時，你趁這個時期也攻他，側身出步還擊途徑近，這就叫做不擋不架，只是一下。

三十、誘　敵

敵不攻時我引動，他攻來時我走空，

不憑手法憑步法，引進落空受我控。

對方不進攻時，我引動他來攻，他若攻來時，我走開讓他撲空。不憑手法憑步法，牽動對方引他落空，受我控制。

三十一、化　解

豎能解橫橫解豎，斜形劈來我劈你，
腿來腿解解後攻，出手同時步轉移。

八卦掌在防禦方面，不用擋架方式，講究化解，方式是利用豎勁解橫，以橫勁解豎，斜形劈來我用斜形解。對方若是用腿攻來我也用腿。在各種攻勢下，我們首先轉移，讓出目標，然後反擊。

三十二、圓形化解

你圍我今我圍你，圓形轉走攻勢空，
圍圍一勢蹤無定，全憑步法走機動。

走圈轉圓形作用是迂迴包抄，這是八卦掌重要戰術之一。你攻擊時，常用圓形轉移，圓形轉走就使對方攻勢落空。你圍我我也圍你，雙方互相包圍，大家都在走動，雙方行蹤各無定勢，全憑步法走得恰當，走到作用，克敵制勝。

三十三、斜正變化

正中斜兮斜中正，斜正變化真出奇，
若遇強敵強攻取，奇中藏奇敵中計。

　　搏鬥時，常是正中有斜，斜中寓正，斜正的變化，因敵人形勢調整，變化多端，被人看爲很奇妙。尤其當逢到強敵強攻的時候，更能顯出奇中藏奇，使對方中計上當。這說明八卦掌應敵時，步法變化的奧妙。

三十四、制　人

　　制人宜用眼上穿，雙目受損敵難熬，

　　輕則受傷重失明，眼上一戳勝千招。

　　制人當向面部眼上穿，雙目到損害，對方忍受不了。輕則受傷，重了會致失明，所謂攻其要害，眼睛受了傷，就無法戰鬥。所以說眼上一戳勝過用其它招法幾千。

三十五、動　靜

　　以靜制動逸待勞，以動制靜憑技巧，

　　人不知我我知人，逢強智取弱用招。

　　以靜制動是以逸待勞，也是看察其行動，順其實際而克之。以動制靜，用迅速機動的技巧，猛攻強取戰勝對方。戰術上，我的動靜不能給對方看出，可是對方的動靜我應該預測到他的意圖。

　　逢著技高藝強的人，須用智謀取他，遇著技弱藝低的人，用招法制他。

三十六、開　合

　　欲合先開是形勢，見開防合能知機，

　　開中合兮合中間，能逢源兮即知微。

　　動作要合的時候，先開大蓄勢是形勢的需要，見到對方架勢開張，要預防對方合擊，那是能知機。動作的開而復合，合而復開，是形勢的變化，適應變化時動靜開合要能逢源，切合對方行動，即是知微，也是能知人動靜。

三十七、出手有準

　　任他千手千眼快，不能中的枉費神，
　　不到要時不出手，出手即要中敵人。

　　任憑對方千手千眼般眼明手快，不能擊中也是枉徒費神。我們自己不到條件成熟時，不伸手出擊，伸手即要擊中敵人，這說明一擊能中的才出手發動。各派武術的攻勢，各有其家數，八卦掌教導在封閉中出擊，對方常難逃避。

三十八、熟　練

　　攻防進退因勢異，相互配合相輔成，
　　先向穩實求平正，神奇變化熟中生。

　　攻防進退因勢因人而不同，須因勢制宜，周身要相互配合，相輔相成。鍛鍊時，先從穩實求平正，達到姿勢動作準確，在精不在多，千變萬化熟練後才會產生，所謂由著熟而漸悟懂勁，由懂勁而漸及神明。

三十九、靈　敏

　　心靈敏變化無盡，眼靈敏摸清敵情，
　　手靈敏制敵有準，步靈敏機動適應。

所謂心靈敏變化無盡，角鬥時適應對方，招法層出無窮，愈變愈廣。眼靈敏敵情動靜變化摸得準確，手靈敏攻防制敵有準，步靈敏進退機動切中敵人。

四十、吐　納

呼吸吐納由鼻控，先向督脈循轉通，

續由任脈轉周天，氣遍身軀意領動。

八卦掌鍛鍊時要求配合呼吸，它的吐納方法須由鼻腔控制呼吸，鼻呼鼻吸，先向督脈循轉暢通，續由任脈轉連，周而復始，循環不息，稱爲轉周天，練成氣遍身軀，隨意識轉動。

四十一、爭主動

交手要能挨人攻，先求不敗後反攻，

劣勢環境擺脫出，被動之中爭主動。

交手要能挨得住對方攻擊，才能持久戰鬥，否則一擊即潰，沒有戰鬥力，勝負已決，無法挽救。故要求先能不敗，而後設法反攻，從劣勢環境中擺脫出來，在被動不利條件下，力爭主動創造戰機，才能有戰勝希望。

四十二、側　身

蛇形掌勢身傾側，身腰扭動如蛇行，

兩臂伸出護頭顱，伸縮往還蛇吐信。

八卦掌鍛鍊，大都要求頭頂腰塌，身軀中正，只有蛇形掌的姿勢身軀要左右傾側。訓練這種不利形勢，使一旦

被迫處於這種形勢時，能有備無患，應付自如。變換的時候身腰扭動模仿蛇的行動姿態，兩臂上下並行伸出保護頭顱，臂的活動，伸縮往還像蛇吐信。

四十三、扭　腰

　　人來攻勢已貼身，手腳回防化敵人，
　　左右旋轉腰扭動，轉危爲安敗取勝。

　　對方攻勢已貼近我身上，手腳要立即回防救護，化掉來到的攻勢。根據對方攻勢情況，由腰主宰或左或右地按客觀實際運動手腳，挽救自己的敗勢，轉危爲安，並立即反擊奪取勝利。

四十四、當機即發

　　心主司命眼瞭望，手足配合謹攻防，
　　尋人間隙爭主動，當機即發莫彷徨。

　　我國古代以心代表神經中樞，因此說心主司命，眼睛負責偵察瞭望，進退轉移的活動靠兩條腿，出擊還招，防禦解化要手顯技能。行動中周身要貫串一致，找尋對方間隙弱點，乘隙而進，爭取主動。發現機會要立即發動進攻，不可彷徨，遲疑不決，坐失良機。

四十五、避實擊虛

　　敵人衝拳擊頭面，取其下路即解開，
　　出其不意攻無備，避實擊虛勝利來。

　　若遇對方衝擊我頭部，我避其上取其下，即能解開。

對方專注在擊我頭部，常疏忽了防禦下路，我出其不意，攻他的疏忽無備，常能成功。用衝拳擊頭部來解釋避實擊虛，啓發學者變化。

四十六、忌　停

　　渾元一氣走天涯，步步不離腳變化，
　　八卦眞功在走動，站定便成落地花。

　　走是八卦掌的最重要的戰略戰術，在鍛鍊或拼鬥時，渾元一氣，轉走天涯，進退攻防處處離不開腳步的變化。運用中，腳步靈活巧妙，虛實變幻，循環不已，行蹤無從捉摸，一停下來目標即暴露，易爲人所乘，所以說站定便成爲落地之花。花殘落凋謝，便是無用之物，說明拼鬥時站定的嚴重性。

四十七、落空不紊

　　步要活兮招要準，即使落空也不紊，
　　弧套弧兮無窮盡，圈中圈兮變化生。

　　步要靈活機動，要準確及時，即使我的攻勢落了空，心情也不要緊張，動作更不能紊亂，八卦掌每一招勢都能自我救護，化險爲夷。救護的方式方法變化多端，無窮無盡。尤其它的弧形圓形動作，弧中弧，圈中圈變化循環生生不已，沒有窮盡。

四十八、禮義爲先

　　尚德尚禮不尚力，尚智尚義不尚勇，

尚力尚勇強有強，藝高一著你落空。

武德爲貴，禮義當先，不要以爲自己有勇力，便目空一切。即使要拼鬥，也不能單純靠勇狠，須憑智謀。倚仗勇狠，強中還有強中手，技藝比你高一著，你便得失敗落空。結束時，敎導人要講武德，講禮貌，不能逞強欺人。

第七章

八卦掌秘傳體用三字訣

　　八卦掌，重技擊，基本功，最重要，講穩實，求平整。眼偵察，探敵情，視含威，顯精神。蹚泥步，走圓形，既沉著，又輕靈，周而始，往而復。從難嚴，貴堅持，具恆心，苦鍛鍊。繼講活，求速度，要靈活，會機動。手腰步，當配合，動與靜，宜一致，寓精神，有氣勢。若拼鬥，要變化，法萬變，不離宗，守原則，不移動。其要求，從客觀，動人動，動人靜，宜鎮定，莫慌張。走爲先，順爲效，攻中走，走中攻，化中走，走中化。不擋架，不拼力，引落空，發始出。一舉動，周身鬆，宜貫穿，不斷續。步輕靈，善變化，勇向前，旁穿插，踏中門，進敵後。腰圓活，如車輪，盤旋纏，不僵滯。手發動，符敵情，柔轉剛，剛成柔，感應速，反應快，有摺疊，善救應。收曲蓄，放直前，選途徑，爭先至。重用腿，常暗出，攻與防，皆是腿，發放時，宜選擇，轉移中，進退時，封閉後，最有利。不求勝，求不敗，能不敗，始能勝。

第八章

八卦掌技擊要訣

（一）**精神**：精神貫注，氣勢充沛，意志集中，鎮靜安詳。

（二）**眼**：眼如閃電，含威有神，偵察敵情，指示目標。

（三）**耳**：耳聽八方，辨明敵蹤，知己知彼，有備無患。

（四）**力**：力充發準，剛柔相濟，尚智尚巧，勇猛頑強。

（五）**發勁**：出手要快，線路要近，目標要準，功勢要狠。

（六）**時機**：時不可失，機不再來，當機即斷，切莫放過。

（七）**待機**：膽大心細，養精蓄銳，不妄發人，發必中的。

（八）**變化**：動靜虛實，靈活機動，順勢借力，巧化千斤。

（九）**動靜**：動靜因人，順勢制宜，動人將動，動人將靜。

（十）**步法**：步法機靈，善於轉移，敵進我讓，敵退我跟。

（十一）**腿法**(1)：腿法貴隱蔽，腿到人未知，方式善機動，迅速與及時。

（十二）**腿法**(2)：發腿如紮槍，沉著兼鬆靜，腿來腿解化，化後立反攻。

（十三）**身法**：身如遊龍，翻騰盤旋，步隨身動，一動俱動。

（十四）**呼吸**：呼吸以鼻，舌抵上顎，配合行動，納化吐攻。

（十五）**引進**：引進落空，避實擊虛，出其不意，攻其無備。

（十六）**頑強**：堅韌不拔，再接再厲，頑強奮鬥，發揮己長。

第九章

⟨⟨⟨⟨⟨⟨⟨⟨⟨⟨⟨⟨⟨⟨⟨⟨⟨⟨⟩⟩⟩⟩⟩⟩⟩⟩⟩⟩⟩⟩⟩⟩⟩⟩

八卦掌技擊運用要領

八卦掌是一種重技擊的武術形式，它的搏鬥戰略是「不擋不架」，戰術是「予之，而後取之」，即引進落空而擊之。

搏鬥時首先情緒要鎮靜，不可緊張，過度緊張使人生理發生變化，造成呼吸短促，心跳加速，血壓升高，肌肉緊張。有時因血管收縮而臉色蒼白，有時因血管擴張而臉色潮紅，有時瞳孔放大，有時四肢緊張，微微顫抖。這些反應，是大腦皮層中抑制減弱，興奮增高，使大腦皮層對植物性神經系統和皮層下中樞的調節活動減弱的結果。運動員能否適應外界刺激，是能否保持情緒穩定不可忽視的主要因素。所謂適應，在心理學中，是指由於刺激物持續不斷地作用於人的感覺器官而產生的順應變化。一般說來，當強烈的刺激持續作用時，感覺器的感受性便降低，反之，感覺器的感受性便提高。

技擊之道，氣勢當先：精神貫注，則氣勢充沛，神旺氣足，氣足則勇，神衰則氣餒，氣餒則怯。鼓足勇氣，樹

立無畏精神，戰略上藐視對方，戰術上重視對方，大敵當前如入無人之境。但首先要養成精湛技擊功力，眼睛洞察能力和預測判斷，對方一舉手，一投足，我即知其企圖，然後以己之長，取彼之短，有的放矢，做到不妄發，發必中的。精通合乎科學的技擊理論，經過嚴肅認眞的全面技擊訓練，逐步掌握理論運用和行動的規律。

技巧與功力：搏鬥要具備深厚的技巧和充實的功力，技巧是武術的魄，功力是武術的魂。技巧要精熟，得心應手運用自如。一般的過程，鍛鍊由不會到會，再到純熟，純熟以後要領悟每一架勢的意義，有什麼作用？是攻擊型，還是防禦型？怎樣攻擊，怎樣防禦？如何運用於實戰？一定要理解它，靈活運用它。有了技巧還要有功力，技巧雖不全仗功力，但必須有一定的力量。雙方搏鬥，你的擊中次數雖頻繁，若不能使其受重創，必難取得最後勝利。

膽量與智謀：搏鬥時要氣勢壯，膽量大，敢於拼鬥。在實戰中保證情緒穩定，做到沉著冷靜，臨危不懼，是發揮技擊效能的一個重要因素。膽量必須有高質量的技藝作爲基礎。俗語所謂「藝高人膽大」。反過來說，發揮技術實施，必須有相應的膽量作保證。在與人交鬥的全過程中，始終要能輕鬆，情緒鎮定，消除精神上的恐懼，戒除心情緊張、慌亂、激動，保持自己相對穩定的最佳情緒。要勇而有謀，防止出現盲目的勇猛，對技低者，採用大刀闊斧勇往直前一舉制敵的辦法；如遇藝高者，則採取愼重行動，用游擊戰、運動戰來應敵。善於調動對方，配合時

機打擊對方。

智謀：要善於拼鬥，「戰略上藐視敵人，戰術上重視敵人」。嚴密防範對方，不拼力，以極小的能量消耗，爭取獲得最大的效果。智謀與膽量結合起來，出其所不趨，趨其所不意，增強感應判斷能力，加快反應速度，不妄發，發必中的。善於利用前人經驗，把前人的經驗總結成為自己的經驗。

意志與耐力：意志是實戰者走向勝利的精神支柱。在實戰對抗中，頑強的個性、拼搏的精神、勇猛的鬥志非常重要。在實戰對抗和技擊訓練中，意志是一項極為重要的精神力量。堅強的意志往往在最後勝敗關鍵時，會爆發出一種異乎尋常的力量，扭轉局勢，反敗為勝。無論何種對抗性競賽，功力相當時，取得最後勝利，皆是意志堅強者。

耐力：耐力是堅韌不拔的精神，是克服實戰中意志薄弱的良方。頑強的耐力在實戰中可以制勝勇夫，耐力訓練有素的人，不會因一次失利或失敗，而使自身的戰鬥力有所削弱，更不會因長時期的格鬥，而喪失取勝信念。耐力是相信自己的力量和發揮自己的力量，在任何困境時都能產生頑強鬥志的高度適應性，從不表現灰心、失望、服輸的軟弱行為。

第十章

~~~~~~~~~~~~~~~~~~~~~~~~~~~

八卦掌知識問答

(1) 八卦掌是在什麼時候、由什麼人創造的？為什麼稱這一類型武術叫「八卦掌」？

答：八卦掌在什麼時候、由誰創造的，無明顯文獻可考。在清代道光、咸豐年間，始由董海川先生傳至北京，經他老人家倡導傳播，才發展起來流行全國，近年更為國際友人所愛好，傳播國外，遍及全球。

八卦掌的源流及董公傳藝老師的姓名道號，董公當時未傳告眾弟子，因此，八卦掌究竟是誰創造的？董公的老師是誰？成為一個啞謎。董公所傳八卦掌的名稱，也是經過幾次改易才確定。初傳至北京時，因走掌時形態像人工推磨，便呼為「推磨圈」，被人稱為「磨門」。後來鍛鍊的動作發展成為 8 個基本掌式，又改叫「八掌」。最後 8 個掌式因其變化關係，演變衍化成64掌，說明武術的變化，無窮無盡，層出不已，在不斷的矛盾中不斷變化，永無休止。與古代哲學《易經》上八卦理論演化有近似處，董公遂定名為「八卦掌」。從此「八卦掌」三字，聞名流傳於世。

(2) 什麼是招？什麼是套路

答：武術的招，是武術的活動形式，含有搏鬥的技擊作用，也叫作「招法」或「著法」，是用以教人的預訂武術作戰攻防規劃。原始時代，人與人角鬥，雙方對抗，都

是無招無術，以力大戰勝力小，動作慢的輸給動作快的
人。有些動作，在拼鬥實踐中常能勝人，多次運用屢有效
驗，遂成為其實用的招式，長期以來被採用作為格鬥戰
術。到後來戰術結合了智慧策略，相得益彰，效用更顯，
便成為秘招。舊社會保守者秘不相傳，甚至傳子不傳女。
集許多招式銜接在一起，叫作「套路」。由於創造者各人
的體會不同，遂成為多種多樣、各宗各派、形式各別的套
路，到現在名目繁多，不勝枚舉。八卦掌是一種獨特形式
的武術套路，它在走圓形中訓練武術招法，結合氣功修
煉，活動時緊密配合呼吸，被稱為「內家拳」。

(3)八卦掌上應天象，下應地物，是怎樣應合的？表現在哪裡？

　　答：八卦掌動作中有模擬天上、地下及水中動物形態
之處。要求身如游龍，教導學者鍛鍊中模仿龍的飛騰游動
姿態。其實誰也沒有見到遇到我國傳統上所說的龍。國人
素以龍為動物之靈，想像地描摹它的活動姿態，上下翻
騰，曲折盤旋，蜿蜒伸縮，翱翔翩翩，靈活無滯。又模仿
猛虎撲擊攫取野生小動物形態。仿照龜的呼吸，頭腳伸縮
及其在水中游泳姿態，借物取意成拳。有些練者自認有模
仿龍的現象，誇張神奇地說是上應天物。有模仿地上動物
及水中動物形象，說成下應地物，是不恰當的，沒有科學
根據，不可深信。

⑷八卦掌鍛鍊過程中爲什麼要練變，練變有什麼 意義，又有什麼作用？

答：八卦掌訓練有以下幾個主要步驟：⑴定架子。開始鍛鍊基本規定架子，訓練人的身、手、腰、腿，特別講究步法。要求步法沉著穩健，出手發腿鬆淨有力，身腰轉動靈活協調，在走圓形中踏踏實實，循環往復不斷訓練，所謂師成法，打好基本功。⑵活架子。基本功練到一定的基礎，接著訓練靈敏度。要求動作靈活輕鬆，全身配合貫串協調，手隨步動，步順身轉，意動形應，形隨意發，一動全身無處不動。⑶變架子。招法和套路都是鍛鍊的學習規範，在交鬥中，對方出手發腿的動作，人各不同，即使同門，也不會整個套路搬用。爲此，我們一定要訓練變化，把每一動作各方面來的敵情攻勢反覆揣摩，在自己學習的招法中找出能適應的招法，一練再練，練至極熟以備用，叫「不死守成法」。做老師的說明變架子意義、重要性、作用和怎樣變。由老師親自輔導，講解每一動作的來龍去脈，怎樣進攻，怎樣防禦，怎樣用力，步法怎樣走，身法怎樣配合，及與時間、空間的關係。初由老師陪練「鍛鍊」，再與同學勤學苦練，互相切磋，功夫無止境，自強永不息。

學武術師成法，而不死守成法，力圖創新。但須師古翻新，應保留原有精湛理論、戰略方策，利用練有的精深傳統功夫發揮創新的條件。根據原有的理論原則結合其它

合理成果戰術，守常求變，只守不變，是因循沿襲，只變不守，常失原有法度。武術當初用於實戰、鍛鍊時，從難從嚴，從實際出發，既要求量大，又講究質高，同時結合訓練中樞神經，開動腦筋，產生敵情觀念，善於思考，區別、分析各個動作的作用，學會自己尋找解決問題的答案，逐步學會按照事物發展的規律去進行思考，掌握從事物發展的過程中認識事物，這是史式八卦掌的一貫教導。明確所應遵循的原則，從而真正提高技擊水平和適應客觀的能力，在實際運用中，知拍合拍，動靜咸宜。

(5) 有時在雜誌上看到「變招時原定的套路決不可改變，動作不可改變，身法、手法、步法不可改變，其形也不可改變，也就是不加不減不變」。那麼怎樣變招呢？

　　答：變招要受這許多條件限制，那不是不變論了嗎？萬變不離其宗，是理論原則不變。在武術上講，主要是在動作上變，因為原來的活動方式不能適應對方，才需要變。變是為了適應客觀，客觀是不斷變化的，因人因勢而異的，所以動作也要依據客觀變動而變動。董公所傳八卦掌就是注重演變，傳給每個學生的套路，因材施敎，人各不同，這就是「變」的思想指導具體表現。

(6) 八卦掌爲什麼要練走和在走圓形中鍛鍊

　　答：八卦掌重點訓練兩條腿，發揮腿的主觀能動作

用，達到靈活運用兩條腿，在進退攻防的環境中，利用步法的轉移閃讓，誘敵撲空，出其不意，突擊進攻，像被動中爭取主動的游擊戰術，伏擊敵人，克敵制勝。

圓形循環無端，往返無滯，左手右手都可訓練，勢勢要左右鍛鍊。在圓形轉動中，自己的目標始終在轉移，使對方難以擊中，對方的目標常在我的圓形中心，體位轉移度小，容易命中。另一方面，轉圓形是訓練迂迴包抄，對方攻到時，我的目標已轉移於安全地位，這個地位既讓開了受攻擊目標，同時也進入了便於反攻回擊的地位。最重要的，一般武術「招法」活動時，有斷有續。八卦掌鍛鍊時，擺好開弓射箭姿態，一絲不苟，綿綿不斷地鼓足幹勁，全力以赴地運轉，幾分鐘才轉換變動一次動作。在轉圓形中訓練思想集中，內固精神，外示安逸，步動而心靜。在這種靜態下訓練感應靈敏，反應迅速，一遇外來干擾，能迅速及時應變。應變時換成新姿態，馬上又恢復進行轉圓形訓練。這樣反覆訓練基本功。

在進行游身連環活步訓練時，行走中刻刻進行各種變化活動，一動即變，一變再變，不停留地動，不停留地變，在這種情況下訓練應變技能。這種靈活機動轉走訓練，被人稱為「活樁步」，更因配合呼吸，又稱做「活步氣功」。

進一步說，把人體設想為一個圓球體，以圓心作為軸心，圓心動一點，圓體動一片。臨敵交鬥之際，對方擊來，使自己的目標和受擊部位循對方力點及線路產生弧形移動或圓形移動，將對方攻來力點引向體外，所謂「引進

落空」化掉對方攻勢，再利用自己的有利條件，把化勁與攻勢配合為一體，產生有利角度，利用觸其一點，達到封鎖其全身，逼其失勢，陷於困境，甘心受擊，那就是「引進落空合即出」。

(7) 八卦掌在什麼型態下走圓形

答：八卦掌在模仿人工推磨的型態下，亦稱在開弓射箭姿態的型態下鍛鍊走圓形。所模擬的開弓射箭姿態，一臂直伸，一臂屈拉，伸臂模仿推弓把，屈臂仿照拉弓弦形象。兩腿的要求，屈膝躬腿，一腳虛來一腳實，在兩腿虛實不斷變換中走圓形。假設在一圓形線上走，內圈的一隻腳直走，全腳都踏在線上，外圈那隻腳扣著走，腳尖踏在線上，腳跟斜向圈外，叫「扣步」；也是全腳著地，如走在泥濘的土地，防著滑跌的樣子，兩腳邁步的時候，腳尖不抬起，腳跟也不提起，叫「淌泥步」；兩腿在行進過程中，兩膝都緊挨著交替前進，叫「剪子股」；腰向圈內扭旋，小腹緊貼著圈內側那條腿的股部，叫「腹貼股」。全身要求：頭頂頜勾，頸扭項直，尾閭中正，扭腰塌腰，鼓腹提肛，氣沉丹田，以心行氣，鼻呼鼻吸等等。

(8) 圈的大小，步型大小，怎樣集中思想，呼吸怎樣配合？

答：圈的大小，史式八卦掌依據本人兩臂平伸的全長

作為直徑，約 2 公尺左右。屈膝躬腿蹲身走，蹲得愈低運動量愈大，全腳著地，落地時腳趾抓地。每一圈約走 8 步至10步。走的時候，思想集中在呼吸上，掌握呼吸與步伐的配合。初練時，一步一呼，一步一吸，呼吸沉細深長。在轉換變掌時，呼吸隨動作的攻防關係來調整，一般是攻勢呼氣，防勢吸氣。步履須沉者輕靈，不斷左右盤旋訓練。

⑼怎樣理解「熟能生巧，多練出智慧」

答：熟能生巧，多練出智慧，是我國武術界一句教導學習者勤學苦練的成語。怎樣叫熟？智慧究竟是什麼？有了智慧對武術起什麼作用？首先讓我們來認識智慧與知識有否關係。一般人所謂的知識，是對客觀世界的現象、事物及其規律的揭示和說明。若從認識論的角度講，知識是人類認識世界和改造世界所得到的認識成果，是人類實踐經驗的概括和總結。知識形成的過程，就是一種智力活動的過程。也可以這樣說，知識是人類智慧的結晶和表現，離開了智慧便形不成知識。知識一旦形成，會反過來成為開發智力、提高人的智慧水平的最好資料和因素。知識和智慧二者不是一碼事，但又是不能分開的。說知識就是力量，也包含著智慧在其中起作用。而當說到智慧的時候，也意味著有豐富的知識作基礎。智慧就是人們掌握知識和運用知識、從事各種活動的表現。

從武術來講，知識是武術的動作、基本功、各種套

路，智慧是武術理論和要領。行動上感應靈敏，迅速準確，觀察問題深刻周密，想像豐富廣闊，思維敏捷縝密。運用時，進行綜合分析的能力強，富於創造性，認識事物比較符合客觀事物發展的趨勢和要求。武術的智慧增長和運用，要以相應的知識作思維材料。因此，武術技巧要熟，多練才會熟悉，由熟生巧，由熟生智慧，主要靠多練，多練是因，出智慧和巧是果，什麼是熟？鍛鍊時忘想，叫「熟」，運用時信手而發都能合拍，叫「熟」。

　　八卦掌的訓練採用「啓發式」，強調創造性。對於如何理解和培養創造性，見解和主張是很不同的。有人把學習基本知識和創造性對立起來，認爲學習基本知識，會束縛創造性思維的發展。創新就是創新，要拋開傳統，不要繼承原有基礎。創造性作爲人們智慧的突出表現，不僅不能脫離原有知識，而恰恰是以原有知識爲基礎。創造性在於利用人所共知的知識，得出一種人所未知的知識，八卦掌的創造和產生，就是在這種情況下發展起來的。

　　一個人由實踐中創造、總結出來的知識，對自己來說，就是他的智慧的表現。但是別人由實踐得來的知識，對我們來講則是間接的知識，如果不經過學習、領會、消化，變成自己掌握的東西，並在實際運用中發揮作用，那麼，這種間接知識，就不會轉化成爲他的智慧。

　　練武學拳是學習前人的經驗，學習前人的知識；但這些絲毫不意味著可以忽略實戰作用。相反，學習到的東西，要注意密切聯繫實際，應用於實際，做到理論與實際相結合，也是知識轉化成智慧、轉化爲能力的具體體現。

繼承前人的創造成果，並把它作爲提高自己認識能力的重要手段，在這個基礎上，不斷地總結新經驗，有所發現，有所發明，有所創造，有所前進。

武術的「應知」和「應會」兩個方面的要求是相輔相成的。應知不等於應會；但應會必須有應知作爲後盾和基礎，而把應會變成已會，那還須經過嚴格的、系統的技能、技巧訓練和實際運用。學習前人經驗，不能忽略實戰作用。相反，爲了更深刻理解前人經驗，務須密切聯繫實際，應用於實際。只有個人自發的體會，而不去學習前人經驗，或者只注重學習經驗、理論，忽略實戰培訓，不參與實際活動，那麼，個人的智慧也絕不可能得到應有的發展。

武術訓練，學得要像，練得要精，從難從嚴，有敵情觀念，體育活動與思想意識同時進行，經過長期嚴格培訓，才能充分提高耐久力、靈活度，對外界的感應極端靈敏，作出反應迅速準確，發揮出武藝的高深主觀能動作用。練武首先要樹立信心，痛下決心，有吃苦耐勞之心，有持久之恆心。功夫既不是高不可攀，也不可能一練即精，其要在於練，自己捨得苦練，才練得有樂趣，愈練愈高興，感到練是一種享受。

⑽ 怎樣理解形似與神似？

答：武術動作不但要求做得像，做得準確，做到「形似」，而且要講究精神，做到「神似」，抓住動作的實質

——精神氣勢、技擊意義，貫徹到實際中去。一般來說，「形」易學，而「神」難傳。具體的形式，活動的方式，都是事物的表面現象，看得出，摸得著，搬回來就有幾分相似。動作的意義理論，是反映事物本質的東西，表面上往往很難看得出來，甚至一時無法理解。因此，在鍛鍊時，動作的全過程，不但要準確合度，而且在思想方面，要具有眞實感，把這個眞實感貫注到每一個動作上去，發揮技擊的精神實質。

　　武術技擊形式的形成和發展，大概是這樣的：在初步實踐中獲得形式，並在實踐中得到發展，經過不斷認識、訓練，逐漸領略出技擊理論。根據這種理論，加深認識，轉化演變，更發展了技藝。聰明的人們，又在其它動物的行動中和搏鬥時，接受了它們的特點，摹其狀，取其意，更充實了形式的內容。史式五形八卦掌，取形龍、虎、蛇、雁、龜。要求：行動靈活如游龍，發勁撲去如猛虎，身腰轉繞如蛇行，開合舒展如雁翅，縮藏折疊如龜泳。

⑾ 怎樣理解爭主動與靈活性

　　答：「爭主動」是武術的術語，叫「爭先手」。主動是行動由我自己支配，但是由於有對方的存在，他決不允許你自由支配，這是客觀實際。因此，要獲得個人自由支配，就必須控制對方的活動，使對方行動失去自由支配的能力。「控制」在武術中叫「封閉」，控制對方，叫「封閉對方」，受到控制，叫「被封閉」。爭主動，主觀指導

行動，不能離開客觀條件，一定要從客觀實際出發，決不能從主觀願望著想，不根據或不符合客觀情況，就是妄動，就會失敗。爭主動在武術上，不但須有熟練的技藝，還要能及時地按照當時客觀情況，靈活恰當地變換來適應客觀。在思想上，對可能發生的意外情況必須警惕，預存戒心，當突然的情況出現，方能及時處理，不致束手無策，陷於被動。

武術的爭鬥中，首先發動攻勢，叫「爭主動」或「搶先手」，目的在於「先發制人」。在一定的條件下，常有一發即勝的情況，但也常有一發不能制勝，形成相持局勢，甚至很多遭致失敗。因此，對於「先發」這個概念，不能看成是僵死的、靜止的、一成不變的、一發肯定能致勝的。要一分爲二看問題，能制人也可能制不了人，甚至爲人所制。搏鬥時，對對方每個活動，都須有充分估計，然後依據客觀實際加以具體處理。有時自己的行動，故意造成一種勢態，因勢利導，調動對方，讓對方不知不覺地順著我的行動，引進落空，暴露出弱點，遭受打擊。

「後動中爭主動」，也就是「防禦中爭主動」，是對方先動，我處被動。處理這種情況時，史式八卦掌常用「不擋不架」和「粘黏走化」方式。不擋不架的運用，是不與對方做任何防禦性活動，即對方攻擊時，我亦採取攻勢還擊，也就是對方攻來時，我及時轉移閃讓，同時攻擊對方的薄弱點和不及戒備的暴露部位。「粘黏走化」是對方攻來時，用粘黏方法解化，順從對方攻勢的力點、線路，以四兩撥千斤的方法化去其攻勢。解化的動作，一般

採用「步從三角，手取十字」。在對方的攻勢被解化後，那就達到了爭主動的機會，同時應該不失時機地及時還擊，達到後發制人的目的。任何一個活動，有它的行動上的活動過程，有開始階段、中間階段、結束階段。動作的上下相承，由上一個活動轉變到下一個活動，都有事實上的時間性，受一定的生理限制。一般說來，用「先動」方式時，應當在對方未發動前，用「不擋不架」時，要在對方動作將結束階段，用「粘黏走化」方式時，最好是在對方攻勢將及己身但尚未到攻擊目標時。

總的說來，各種應敵方式，都要求自己的行動符合對方的活動，有的放矢，用得恰當，所謂「知拍、合拍」。對方的攻勢是多種多樣的，適應務須符合客觀實際，根據自己當時生理條件，在恰當的時間空間上，順從其動作形式及線路活動的限度和力點方向關係，給予解化還擊。

善於技擊的人，常使自己處於不失敗的地位，而不放過可以使對方失敗的機會。因此，要獲得勝利，必須先造成獲得勝利的條件。這就是說，必須創造使自己不失敗的條件，然後抓住對方失敗的機會，迅速發動攻勢，這就是爭主動的巨大意義。

「靈活性」，靈活是不拘泥，不把問題看成是僵死的、靜止的、一成不變的。行動上是：機動善變、敏捷、準確、及時。「審時度勢」是靈活性的基本條件，這個勢包括敵我當時形勢、重心、力點、時間、空間等，而採取及時適當的處理方法的一種才能。懂得運用之妙，變換之機，從而達到攻中有守，守中寓攻，攻不離守，守不離

攻，攻守並用，相互救援，引進落空，發動打擊。

事物的變化是極其複雜的，是無法完全預測的。一切事物要隨時準備會遇到不同於一般的特殊情況。要實現控制對方的主動權，首先要調動對方，不爲對方所調動，始能壓倒對方、打擊對方，取得最後勝利，這才是武術技擊活動的要求原則和機動靈活相結合的最高奮鬥目標。交鬥中，先熟悉人我雙方的行動，以及各種情況，找出其規律，使對方的活動規律爲我掌握，利用這規律於行動。我自己的行動，忽隱忽現，變化莫測，不爲對方所理解，使對方摸不清我的行動規律，做到「人不知我，我獨知人」。知人行動規律，按其規律，機動應變，有的放矢，能調動對方，不受對方的調動，才符合靈活性的要求。

⑿ 武術力量與技巧是怎樣形成和提高的

答：力量來自鍛鍊活動。活動的方式，武術上稱爲「招」，由單純到複雜，訓練力量由低級到高級轉化。它的形式多種多樣，線路，有直線、橫線、斜線、弧線、圓形等，再由直線、橫線、斜線、弧線、圓形錯綜複雜地銜接一起，組成變法多端的「招法」形態。

活動變化的過程，在不同的形勢和條件下產生、變化、增長。一種訓練形式，產生一種力量，另一種訓練形式，又產生另一種力量。訓練形式不斷增加，不斷變化，便產生多種不同力量。運用時，順機因勢，隨客觀變換，及時轉化，準確合拍，變化無窮。

　　力量的形成，產生於身體各個部位的協調配合行動，由矛盾抗爭達到力出統一，完整充沛，生動和諧，靈活機動，沉著乾脆。

　　武術訓練是力量技擊相結合的練法，它既能增長功力，又能助長技擊。譬如射箭，力大者能拉硬弓，硬能致遠，技巧能中的，射中目標。武術功力深，技藝精，是鍛鍊目的。

　　現在有許多學者研究認為，人體神經系統是一個活的巨大「集成電路系統」，通過練功，可以主動地、自覺地控制它，練功愈久，大腦皮層細胞活動的有序化也愈好，就能對所支配的肌纖維發放同步神經衝動，導致同步的肌群產生猛烈收縮，爆發出強大的功力。也有人認為在以心行氣，以氣運身，在意念的控制下，經過長期鍛鍊，能不斷地提高自身體內生物空間的結構有序化，從而提高相應的物理、化學過程的有序化。練功愈久，則發放的生物電和相應磁場愈來愈多，養成組織功能的條件反射愈靈敏，對外來的干擾，能自然不自然地、及時準確做出各種合乎客觀的行動。

⒀ 精、氣、神在八卦掌中應該怎樣解釋？

　　答：精、氣、神三字是武術中的一種抽象名詞，各派武術有不同的體會和認識，現將史式八卦掌的傳統教導解答如下：

　　精：人體本來的素質。在武術鍛鍊中，經過訓練，充

分發揮它的作用，加強了素質功能所產生的一種條件反射。在武術搏鬥過程中，適應客觀環境，及時準確地發揮出它的主觀能動作用。

氣：在武術上來講，是經過鍛鍊增強了素質所產生的一種基礎物質。這種基礎物質無形無象，貫串周身，靈活無滯，能柔能剛，感應靈敏，反應迅速，怡然恰當。氣，亦可作呼吸講，經過氣的同時鍛鍊，能使呼吸適應各種力量的技擊活動，不感到呼吸急迫。

神：武術中一種極高的境界。進一步說，又叫「入神、傳神」。「入神」達到這種的境界；「傳神」表達這種高的境界於活動形態中。

⑭ 何謂「內三合」與「外三合」？

答：「合」是配合協調，聯繫完整，統一及時。它們的鍛鍊方式不是孤立的，而是合一集中形成一個整體。不集中，就不能完整一氣，不合一，也就不能行動一致。在武術運用中，行動一致，必須是有計劃地動，有目的地，圍繞著客觀形勢而動。

史式八卦掌所謂的「外三合」一般是指步、腰、手相配合，它要求，步與腰合，腰與手合，也就是，腰活動時與手的活動、步的活動協調一致。發於腳、主宰於腰、形於手，一動全動，行動統一，使鍛鍊活動的形態形式完整協調。

「內三合」是：視經神、中樞神經、末梢神經的協調

一致。當眼睛一有所見，立即反映到中樞神經，中樞神經感受到視神經的反映，立即發號施令，指示手、腳、腰、步作出相應反應。平時訓練時，在生理條件許可下，按照力學原理，鍛鍊神經系統的靈活性和肌肉的控制力，使肌肉、骨骼韌帶由收縮到放鬆，再由放鬆到收縮，調整至利索順遂，養成條件反射，構成動作的活動，按照神經中樞的指示，迅速正確完成任務。實際上是：「內外結合，內外合一。」這樣，練至純熟，達到在運用的時候，得心應手。

(15) 何謂「功、力、堅、巧、快、游」六字訣

答：這是史式八卦掌鍛鍊所要達到的技藝口訣，也是鍛鍊奮鬥的目標。「功」在武術上講是功夫，意義是武術的成就是由時間積累而練成的，流傳下來，也叫「功夫」，鍛鍊叫作「練功」。功是武術技巧，俗稱「本領」。稱武藝高強者，叫「功夫高明」或「本領高強」。現在有很多國家稱中國武術，叫「功夫」。

「力」是力量，練成充實力量，發揮持久力量和瞬間爆發力。力是武術中重要的物質基礎，有力量才能把人打倒，才能把人摔出去。古人云「力拔山兮氣蓋世」、「力舉千鈞」，講的就這個道理。

「堅」是堅硬，如果我手練成堅硬，人家就經不起我擊打。我的軀體練得堅硬，就受得了人擊，我能受得了人擊，別人經不起我擊，這是制勝之道。

「巧」在武術上講，是「技巧」。武術不僅要練好基本動作，而且要精研它的技巧，這裡所謂的「巧」字，要作武術技擊運用的奧妙解釋。

「快」是速變，武術鍛鍊，既要練好質和量，同時也要訓練速度，速度快常能先攻到對方。武術成語中，有一句叫作「後發先至」。要做到後發先至，除其它因素外，速度是個主要原因。

「游」在武術上講，是靈活無滯。八卦掌特別重視訓練兩條腿，在轉圓形鍛鍊中，把腿練得步履穩實輕捷，進退轉移如行雲流水，像龍遊空中，鴻雁飛騰，趨其所不意，引動對方疲於奔命，進入被動，處於劣勢。「游」在八卦掌中，是以步法制勝的重要方式。

⒃ 何謂「勤、質、量、恆、思、變」六字訣

答：這是八卦掌訓練中所須遵循的事項，能遵照這樣鍛鍊，就能事半功倍，取得好成績。

「勤」是指鍛鍊中要勤奮，下定決心、不怕艱苦地多練。「質」是實質，要依照動作的實質去練。武術的實質，在古代是技擊作用，現代是強身，鍛鍊它，使人們走上健康大道。

「量」是數量，任何一種藝術或技術，要練好就得要重視它的數量，學習一件事物，不可能一練就精，要付出一定的汗水，練出一定數量，才能得出一定成績。

「恆」是恆心，不斷地持續練，長期不懈地練。

「思」是思考，鍛鍊的同時訓練中樞神經，思考動作的技擊意義。孔子曰：「學而不思則罔，思而不學則殆。」招勢不僅要知其然，而且要能知其所以然。懂得它的運用，懂得它的活動規律。

「變」是變化，為什麼要變，原來的活動不能適應對方，所以要變。每一事物，都有它一定的變化過程和發展過程。這些過程，就是事物發展規律的表現，人們認識了它，便可以從一種現象推知另外一些現象，從事物的過去和現在，預見它的未來，所謂科學的預見。

一代偉大的武術家董海川先生，在不斷的鍛鍊和角鬥中，參悟了和充分發揮了前代的經驗，綜合了自身的體會和心得，依據實際發展情況，及人體的生理條件，得出了武術變化規律，再經過實踐的總結，逐漸正確地掌握了它，發展了它，創出了八卦掌門派。傳人史計棟先生等又繼承發揚了它，闡明了八卦掌在搏鬥中，不能強調主觀，必須按照客觀變化，符合客觀適應對方，不能以不變應萬變。

⑰「勁」與「力」有沒有區別

答：「勁」與「力」二字在武術上，現在很難區別。古代形容力大，有「力拔山兮氣蓋世」、「力舉千鈞」、「生有神力」等等，說用勁的文章很難舉例。現在有人說「勁」是內勁，「力」是外力。勁是一種高級的力，說它能剛能柔，能屈能伸，力是低級粗暴的力，只剛不柔，少

變化，用於搏鬥擊人，擊中後只傷虛淺的肌肉，不能透入臟器。又說外家拳擊出的是力，內家拳發出的是勁，衆說紛紜，莫衷一是。還有人謂：說力說勁是方言的不同。人體生理學上說，力是由肌肉收縮而產生的，受神經中樞支配。

力的運用在武術上叫「攻擊」與「防禦」。攻擊的目的是要擊敗對方，自己取得勝利，防禦的目的是化掉對方的攻勢，不讓對方得逞。八卦掌的戰術，在解化掉對方攻勢後，一定要立即還擊，否則，便會形成只有招架之功，全無還手之能，處境被動。人常說「身大力不虧」，看來力大與身體素質有極大關係吧！

⒅ 何謂武術的戰術與戰略

答：指導武術作戰的行動，叫武術的戰術，指導武術作戰的方略，是武術戰鬥的戰略。

八卦掌的戰術戰略：

㈠爭主動：⑴先發制人。似暴風驟雨，快速敏捷，果斷機智，勇猛凌厲攻勢，出其不意，攻其不備，訣：「出其不意攻不備，先發制人要機智，果斷敏捷勢凌厲，攻中寓守防敵人」。⑵後發先至。對方先發我後動，要從後動先攻到對方。訣：「你攻我攻攻還攻，不招不架逞英雄，你攻我時我閃讓，引進落空你受攻」。

㈡防禦中爭主動，化中寓攻：⑴以走化攻，走如行雲流水，讓出目標，立即反攻。⑵因勢制宜，順其攻勢轉移

行動，閃展騰挪還擊。⑶服從客觀，隨屈就伸，依其線路變化而反擊之。⑷不拼蠻力，尙機智，用技巧，避實擊虛。毛主席論戰爭說：「戰略上要藐視敵人，戰術上要重視敵人。」我們運用這個理論於武術搏鬥上，就是說，既要敢於鬥爭，又要善於鬥爭，敢於鬥爭則臨敵不懼，有備無患，無憂無慮。善於鬥爭，則應敵變化多端，靈活機動。

　　訣曰：「游身旋轉，移走無定，虛實動靜，步履輕靈。避實擊虛，攻其不備，動其將動，動其將靜。因敵受化，順其發展，控制敵勢，洞察敵情。引進落空，以敵爲用，掌握戰機，當機立行。」

⒆ 怎樣理解武術上的「知己知彼」

　　答：武術所謂的「知彼」是搏鬥時能了解對方活動的動靜、虛實，摸得對方的意圖。「知己」搏鬥要具備深厚的技藝，靈敏善感的頭腦，勇往直前敢於拼搏的精神，同時要保持自己重心的穩定鞏固，虛實動靜符合客觀，準確及時調整自己的薄弱環節，使不利因素轉成有利因素，從劣勢改變爲優勢，發揮出自己的主觀能動作用。能掌握對方活動各個動靜虛實情況，找出其行動規律，並且運用這些規律於自己的行動，用不同的方式去解決不同的矛盾，隨著對方的演變，變化無窮，出奇制勝。

　　武術對抗，不僅要具備熟練的技巧，還要教導他們能及時按照當時客觀情況，靈活恰當地順其形勢隨機變化。

在思想訓練上，對於可能發生的意外情況，又必須充分警惕，有充分準備，當突變的情況發生，才能不慌不忙及時恰當處理，不致束手無策，陷於被動，無法擺脫。

⒇ 何謂「靜中求動，動中求靜」

答：「靜」是靜止，「動」是活動。史式八卦掌靜中求動的意義是在靜止時期，要具有隨時發動的條件和思想準備。當我們在搏鬥至一個動作靜止期時，行動上要有隨時應變發動的條件，有隨時應變的思想準備，常備不懈，以逸待勞。

「動中求靜」，「動」是活動，「靜」是鎮靜。鍛鍊時，思想意識要集中專注在一個目標上。練八卦掌時常注意集中在動作協調和與呼吸的配合上，思索每個鍛鍊動作的技擊意義，使動作與呼吸思想意識同時訓練。搏鬥活動中的靜是在交鬥中心情要鎮靜，動作要靈活多變，即使處於不利情況，更要鎮靜。一個攻防的結束，雙方有時在調整中互尋間隙，宜靜心體會對方的戰術和自己的戰術，調整自己的戰術適應新局勢。

總的說來，這兩句是講動靜調整和動靜變化的辯證關係，也就是進退攻防虛實變化的辯證關係。我們一定要認識它的重要性，在鍛鍊中逐漸養成，在不斷訓練中發展成長，始能在應用時發揮它的主觀能動作用。

(21)什麼是武術的功理、功法和功力

答：功理是武術鍛鍊的理論和要領，指導怎樣鍛鍊，根據這樣練得到事半功倍的效果。功法是鍛鍊活動的形式和方法，即技巧訓練。功理與功法相輔相成，功理提高功法，功法又充實功理。功力是訓練技巧的同時訓練力量，達到技巧感應靈敏，機動靈活，功力沉著鬆淨，變幻莫測，信手而發。功力也可以代表技擊的成績。

(22)什麼是武術的內容

答：武術的內容：功理、功法、功力和它的節律。

(23)什麼是武術的節律

答：節律是武術招著的活動節奏。古代鍛鍊武術是防身禦敵，保國衛家，主要是訓練技擊運用。因此，每一活動都有它一定的技擊意義、攻防作用。動作節律的形成，一是主觀性，自己發動攻勢；二是客觀性，在對方的攻勢下進行防禦。但是形勢不斷變化，在防禦中常能解脫出來發動還擊，從被動中能變成主動。在攻勢中也常有一擊未能得手，被對方解化掉，而且還擊過來，如此不斷變化成為一個戰局。因此，我們學武術要認識動作的攻防作用和它的變化理論。孫子兵法中所謂「知己知彼，百戰不

殆」，以現在的矛盾變化理論來解釋，認識矛盾，研究矛盾的變化，怎樣運用自己的智慧和技擊素養、武技和功力解決矛盾，正是研究武術散打的主要課題。

(24)怎樣叫順呼吸？怎樣叫逆呼吸？

答：順呼吸、逆呼吸，各派氣功和各派武術的說法不同。順逆有以呼吸循行經絡分別的；有以先呼後吸或先吸後呼分別的；有以呼氣腹縮、吸氣腹鼓為順，呼氣腹鼓、吸氣腹縮為逆。史式八卦掌的呼吸方式，是以呼吸、吐納、導引三種說明呼吸文字排列進行鍛鍊的。呼、吐、導都是氣出來的意義，吸、納、引都是氣進去的意義。按生理講，呼吸的氣只能在肺腔裡出納，不會在肺腔外面循經絡活動，再說肺內氣已充盈，就須排出後才能吸進去。先呼後吸是遵循盈則吐、空則納的生理規律進行活動的。氣功呼吸主要以意行氣，所謂以意念領氣。史式八卦掌，在呼氣的時候，意念領氣自肺部經鼻向上循督脈路線排出，經頭部到會陰，然後吸氣；吸氣時意念領氣由會陰循任脈向上。再改換呼氣，循督脈經絡行氣，如此循環不息。

(25)八卦掌對意識引導動作怎樣解釋

答：八卦掌創始人認為，人體的一切都受中樞神經支配。武術的訓練方式繁多，有內家外家之分，內家拳重練意氣，以意識引導動作，訓練中養成條件反射，使中樞神

經一有思維，手腳身腰便能很好地完成任務。各種內家拳，各有不同的思想指導。八卦掌是鍛鍊中用敵情觀念作思想指導，對每一招著要作具體研究，爲什麼這樣練，還要一分爲二地認識它，達到運用時，不容思索，信手而發皆能合拍。

練武術是學前輩武術家的武術經驗，拳術套路是他們預訂的作戰方案，留給後人作爲鍛鍊資料。我們鍛鍊時，除練精它的動作外，還要求體會它的用意，明確它的技擊作用，弄通它的變化，融會貫通成爲自己的本領，靈活運用於搏鬥。

武術學習過程和技擊怎樣運用，拿著棋來比喻，很能說明問題。練套路好像走棋譜，依樣畫葫蘆，搏鬥好比與人對弈，對弈時對方棋路很難預測，都是依照客觀發展而變化的。技術高明的棋手常能見機知微，見其下子按其線索，循其活動規律探索爭取勝利。散打拼搏，雙方出手，是根據各人武術基礎條件和造就而異。衆有不同風格，形意拳有形意風格，八卦掌有八卦風格，少林拳各門派各有自己不同風格，現在又吸取了西洋拳擊、日本柔道等風格。但任何風格都受生理條件限制。因此，高明的武術家，也能洞察敵情，跟下棋一樣，隨對方的變化，見景生情，發出合拍的意識指導，適應客觀現實。歷史上相傳有所謂的「花拳」愛好者，主要只在形式上講求美觀，不重視技擊鑽研。現在仍有一些花拳學者，以自己的所學，來判斷全部武術，說中國武術無用，此語謬也。

(26)「動與靜」、「靜中寓動」、「動中寓靜」、 「雖動猶靜」在武術上怎樣解釋

答：武術的動與靜是事物的兩方面。動是活動，有許多文章中說動是進行攻擊活動。靜是靜止，是活動的結束階段。武術動靜轉換的過程，由靜止狀態到開始活動，由活動到結束靜止。有些文章這樣解釋：動是發動攻擊，靜是防禦活動。心靜是中樞神經鎮靜，無雜念，凝神專注。在鍛鍊時一心專注在活動的形態上，考慮動作是否合乎鍛鍊要領與動作的敵情觀念，以等待敵情變化。靜是一個攻防過程的結束，但另一個過程總會不斷再來，我們需要有準備地等待事物的再來。

(27)「靜中寓動」怎樣解釋

答：一個攻防過程的階段，搏鬥並不會就此結束，我如已經解除了對方攻勢，就應該立即發動反擊，變被動為主動，創造條件制勝對方。這是史式八卦掌對靜中寓動的體會。

(28)「動中寓靜」作何解釋

答：「動中寓靜」是事物的一分為二，矛盾的轉化。當我發動攻勢時，應專注對方的行動。如對方解化了我的

攻勢，並立即發動反擊，那時我應將攻勢急速變成防禦動作，進行解化對方攻勢，由主動改變被動。

(29)「雖動猶靜」作何解釋

答：這一句「動」是形式活動，包括攻防兩方面。「靜」是思想意識，心情鎮靜，在攻防中心情要冷靜，要慎重考慮，不可急躁，更不能妄動，動要有目的地動，靜要有備無患地靜待，要與對方的行動合拍。明抗倭大將俞大猷有「知拍任君鬥」語，我們要深刻體會理解這一句的用意。雖動猶靜這句話是證明上一句的，需要根據上一句來解釋方能完整，否則，斷章取義，往往會失掉原有意義。

總的說來，動靜的轉換調整和變化，應該靈活機動，動要動得完整合拍，同時還需要大膽機智，快速敏捷，氣勢充沛，壓倒對方。靜要靜得縝密緊湊，警惕機靈，切不可麻痺大意，輕視對手。縝密固然為了有備無患，也便於發揮得更客觀。靜是手段，動是目的，一切的靜都是為著動，動要因時制宜，依據對方行動的客觀實際，從實際出發，出奇制勝，對方的動靜，要看得清楚，認得準確，而我自己的動靜變化，要不示人以方式，虛虛實實令人莫測。看時給人以假象，似退實進，兵不厭詐。

(30)什麼是思想集中？怎樣集中？

答：思想集中是精神專注於研究的問題上。思想集中

才能專心致志，但是人的思想很容易接受外界的誘引，外界的誘引常能使人思想分散，造成鍛鍊效果不佳。在搏鬥時思想分散，常能導致失誤。史式八卦掌爲了使思想集中，訓練時利用「敵情觀念」這個辦法，在鍛鍊中以意識引導活動，完成「內外合一」訓練法。心靜與思想集中既有其共同處，也有不同處。

「心靜」，心中無思慮，無雜念，鎮靜地看事物的發展。「思想集中」是全神貫注地考慮事物的發展。在搏鬥中說思想集中地隨客觀發展應付對方。

(31)武術鍛鍊時引起呼吸急迫是什麼原因？是好事還是壞事？有些武術文章上介紹，不要因爲練拳而引起呼吸急迫，怎樣避免呼吸急迫？

答：練拳或運動引起呼吸急迫是正常現象，尤其在正規劇烈訓練，心肺不能適應，導致心跳加速、呼吸急迫等現象，不要害怕。這種現象經過長期不斷地刻苦鍛鍊，能慢慢地改善，逐漸適應的。鍛鍊心臟和呼吸的過程，拿舉重運動來比喻，很能說明問題。初練舉重時，舉到一定重量、一定數量時，便覺呼吸急迫，心跳加速，力不能發。但是經過不斷鍛鍊，重量、數量能逐漸增加，呼吸急迫、心跳頻率加快等現象反而逐步好轉。再經繼續不斷鍛鍊，重量、數量還能增加，呼吸、心跳仍能進一步好轉，適應性增強。但在鍛鍊後，立即呼吸如常，心率正常，也是不可能的，不過不是那麼氣急敗壞，心跳紊亂，而是呼吸、

心率稍有加劇，很快會恢復正常。

　　呼吸急迫是由於運動量突然增大，機體對氧的需要量超過正常值而產生的。運動量小不會產生呼吸急迫，心跳增劇，運動量大就會引起呼吸急迫，心跳加劇。任何人都知道苦練才能出成績，未有不經過艱苦鍛鍊，而有其它捷徑獲得成就的。武術訓練，如果正確掌握鍛鍊要領，按照技擊要求來鍛鍊的話，一趟拳練完後，會大汗淋漓，呼吸急迫，心跳加速，感到疲勞，這都是正常現象。經過堅持鍛鍊，這種現象會逐漸消失改善的。當然，也不是短時期就能達到這個階段。

(32)史式八卦掌所模擬的五種動物形象，沒有其它象形武術形態逼眞，爲什麼？

　　答：史式八卦掌中的象形動作，是模擬原動物形象的高度抽象化，而不是對原動物形象的具體再現。如果只求刻意表現事物形象的外貌，恰恰不能發揮象形武術形象作用的要求。武術的氣勢神韻居首，外貌形象爲次，因爲人畢竟是人，武術畢竟是武術，絕不僅僅是所反映的事物，況且武術藝術還必須絕對服從於一個前提，那就是武術的技擊作用。

(33)什麼叫「懂勁」

　　答：一切事物都是有規律的，這些規律是客觀的，不

依人們意志而轉移的。只有認識規律，按照規律辦事，事情才能成功，如果未認清規律，或違反規律，便會導致失敗。

　　人們通過實踐，只是認識了事物規律，還不能稱作會掌握規律，只有進一步在實踐中學會正確地運用規律，使主觀符合客觀，變主觀的東西成為客觀的東西，即在實踐中得到預想的結果。正確地運用規律，武術上叫作「懂勁」。

(34)史式八卦掌為什麼有母掌、散掌之別？母掌起什麼作用，散掌又有何用？

　　答：史式八卦掌共有六十四掌，是按照周易八卦六十四卦變化理論而創造的，依乾坤坎離艮震巽兌八個數字上，創出八個母掌，可並不是固定在這八個卦象方位上進行活動，而是能在圓形的任何方位上完成動作鍛鍊。運用時，更須視敵情變化作出不同適應方式，也就是說對方攻勢無定式、無定向，要符合敵情作出合理反應。動作的形式，取意龍、虎、蛇、雁、龜五種動物的活動形態，合乎技擊應用的加以吸取模仿，仿用龍的盤旋翻騰，矯健靈活；虎的撲擊抓摟，勇猛衝撞；蛇的吞吐纏繞，曲折韌柔；雁的展翅傾側，旋轉凝視；龜的呼吸吐納，昂首游泳。散掌是母掌的衍化、發展和充實。

(35)史式八卦掌拼搏運用怎樣鍛鍊

答：史式八卦掌拼搏運用中，強調技擊水平、精神素質、拼搏意志和熟悉古代兵法戰術知識。一開始，先練基本功，在轉圓形的特殊形式下，勤學苦練步法腿功（包括膝功胯功）、手法掌法（包括肘功肩靠功）和身法。練至一定程度，再加練敵情觀念、拼搏知識，思想意識上懂得怎樣進攻，怎樣防禦，爲什麼要進退閃讓，怎樣轉移進退閃讓，再進行實戰性訓練，訓練怎樣進攻，怎樣處理對方攻勢。在處理解除攻勢後，一定要及時進行反擊，這是史式八卦掌拼搏訓練的一個重要原則。另一方面，我發動攻勢被對方處理解除，對方及時進行反擊，我怎樣處理，先由老師指導陪練，我按法訓練，然後自己舉一反三想出其它方式，在訓練中考驗，由不實用逐步到能用，再由低級方式昇華到高級方式。這樣一分爲二地反覆思考，在不斷訓練中考驗，不斷改正，由不實用到實用，由會到熟練，由熟練到精湛，由精湛到入神，逐步深入提高，做到在拼搏時，保全自己，打擊對方，爭取勝利。

(36)武術散打、硬功排打、重手砂掌功，它們的性質和作用是怎樣的？

答：武術散打，硬功排打（以後簡稱排打功）、重手砂掌功（以後簡稱砂掌功），都是中華武術內容之一。武術散打是攻防對抗性搏鬥活動，是訓練怎樣進攻，怎樣防

禦，怎樣從防禦被動中進行反攻的戰術行動。排打功是訓練被人擊打時，自己有耐擊抵抗力、不受傷害、不受痛苦的鍛鍊法。排打功發明後，隨即產生了砂掌功，受砂掌功擊中，重則喪命，輕則傷殘。砂掌功發明後，防禦的方式方法，也有了改進，由擋架方式發展到粘黏連隨，更進一步發展了不擋不架。不擋不架是一種後發先至的招法，到明代始見於戚繼光的《紀效新書》，原文是「不招不架，只是一下，犯了招架，便是十下」。

總的說來，散打是保存自己，爭取勝利的作用，要求拼搏時感應靈敏，反應迅速，防禦中能化險爲夷，不受傷害，攻擊中能以小力勝大力，制勝對方；排打功能挨打，擊中後不受傷害；砂掌功擊中後，使受擊者受到重創。排打功是盾的作用，砂掌功是矛的作用。

(37)易經是一部什麼書

答：易經是一部古代卜筮用書。原有三種易書，現今僅留有周易一書，其餘二易已經失傳。周易的主要理論是「變」，它給人以不同的概念。用已知的情況和條件，推測未知事物變化的結果。有時分析得精微合理，在這種感發和運用下，後世軍事家利用它的理論於軍事的處理上，獲得很高的效益。一代武術大師董海川先生在深研周易的體會下，繼承發揚周易精神於武術中，用辯證唯物主義觀點，把生理學、運動力學、心理學的原理與武術技擊運用結合起來，充分提高了武術質量。

附錄：

一、董海川先生墓誌銘

碑正面：

先生姓董諱海川，世居文安城南朱家務，少任豪俠，不治生產，法郭解之爲人，濟困扶危，不遺餘力。性好田獵，日馳騁於茂林之間，群獸爲之辟易。及長，遍遊四方，過吳越巴蜀，舉凡名山大川，無不歷險搜奇，以壯其胸懷，後遇黃冠，授以武藝，遂精拳勇。不意中年蹈司馬公之故轍，竟充宦官。先生嫉惡如仇，時露豪氣，同人即起猜嫌，改隸肅邸。因老乞骸，始得寓外舍。請藝者自通顯以至工賈與達官等，幾及千人，各授一藝。嘗遊塞外，會數人各執利器環可擊之，先生空手迎拒，捷如旋風，觀者群雄無不稱爲神勇，憚其丰采。及至彌留之際，從者啓其手足誠如鐵漢，越三日端坐而逝，意者以爲羽化。都中門人服縞素者百餘人，因塋葬於東直門外距城里許，哀痛難忘，議立表識，以伸向往之忱。光緒九年春二月立石

碑反面：

　　先生其有靈氣之所鍾也，何生而有異於人？脫令壯年仗劍以從軍，吾焉知其所不掃蕩乎煙塵，即不幸而爲隱君子，亦可蠖屈以完身，乃郁哲而白圭有玷，豈其有隱痛，而生不逢辰，然身雖泯，而名則榮，其誰曰不抱璞而全生。嗚呼！自古燕趙多慷慨悲歌之士，不禁抗懷屠狗，獨黯然其銷魂。

　　大清癸未春鐵嶺貴榮撰　　沈陽清山書

尹　福　馬維祺　史計棟　程廷華　宋長榮　孫天章　劉登科　焦毓隆　谷毓山　馬存志　張　鈞　秦玉寬　劉殿甲　呂成德　安　份　夏明德　耿永山　魏　吉　錫　璋

　王辛盛　王懷清　沈長壽　王德義　朱紫雲　宋永年李萬有　攀志湧　余龍海　王永泰　彭連貴　傅振海　王鴻賓　谷步雲　陳春林　王廷桔　雙　福　李長盛　徐兆禪　劉寶貞　梁振甫　張英山　郭玉亭　趙雲祥　張全魁

　焦春芳　劉鳳春　司元功　張　鐸　清　山　何　五何　六　郭通海　徐鶴年　馮廣濂　李壽年　陳　澧

　　又：大清光緒三十年仲春上浣尹福等立一碑

　　中華民國十九年二月二十一日　馬貴　馮俊義　何金奎　張殿凱　尹玉璋　盧書魁等又立一碑

　　民國十九年二月，盧書魁又立一碑

　　這三塊碑都有玄虛神奇，得自神傳仙授言論不贅

　　振英玉雲全春風元□□□通鶴□壽

　　甫山亭祥奎芳春功鐸山五六海年濂年澧

二、文安董公墓誌

　　嗚呼！歲在壬年，吾師董公仙逝。哲人其萎，門人等聞耗之下，如喪考妣，泣血稽顙，悼念實深。董公文安朱家務人氏，少時家貧好武，負薪練藝，未嘗稍輟，弱冠大成。後遊九華之巔，遇高人，授以八卦絕技，藝成返燕，入清宮肅王殿下充侍衛。肅王愛其身懷絕技，授給七品護衛，護衛宮牆，糾糾武夫，公侯干城，京都立雪其門者，常千百人之多。公於壬戌年曾親戮沙氏於京城之外，公年近期頤，無疾而終，得非內外八卦導氣之功乎？！公逝矣！門人等哀思之餘，特誌碑文，藉資懷思。大清光緒九年孟夏立

門人等

| 尹　福 | 程廷華 | 梁振甫 | 劉鳳春 | |
| 宋永年 | 魏　吉 | 馬維祺 | 史立卿 | 敬立 |

三、冀縣六品頂戴史君振邦墓表

　　當有清同治光緒間，有所謂董太監者，字海川，以拳技顯名於京師，號其曰八卦掌。人初學其術時，皆先教之旋轉，支右肱而左行，支左肱則向右行，如推磨者然，鵠稱曰「磨門」。擊人與避人擊，皆從此變化，有奇學之稱，一人可敵數十人。其徒友遍京城內外，遞相傳授，先後輩相稱謂，如家人骨肉然，繼承其門而益光大之者，獨推吾冀史君，君皆基本術最精，而名亦最著。君諱計棟字振邦，六行，據京師爲木商，咸皆都以史六稱之，識與不

識，莫不聞其名。

祖諱俊，父諱鵬飛，聘趙氏，配吉氏，無子以兄子立發爲嗣。君座於清宣統元年正月二十六日，享年七十有三。即於其年葬於所居小寨村西南祖塋，葬之日，來會者近千人。

君爲人慷慨，好義俠，即從董太監游，董老衣食之需皆由君供給，歿則爲營葬地，並負其棺槨壽衣之費。性篤於友愛，尤善辯說，凡京師勞資有爭議，由君居間仲裁，咸意滿而爭議息。以後補外，隨守備王德祿先生緝獲盜犯十一名，經步軍統領奏獎六品頂戴。君生平居京師最久，間亦歸鄉里，從學掌技者無虛日，其徒友士農工商各界皆有，當君之未歿時，吾國人懲於外侮，於天津成立武術館，欲以振起民族之衰弱。入會者以君之徒友爲多。其後各師旅軍事大員領其事，再擬在各省以資設立分館，雖尚未能實行，而君逝世矣。弟潤甲來征文，吾應之，曰：吾亦時聞史六之名者，雖不辨而爲之文，抑以勉其徒焉。

中華民國二十年，冀縣方安撰文

四、八卦掌第二代傳人史計棟傳略

先生姓史諱計棟，字振邦，行六，人皆以史六稱之，河北冀縣小寨村人。生於清道光十七年（公元一八三七年），卒於宣統元年（公元一九〇九年），享年七十三歲。性廉而善辭令，與人無爭，里人有糾紛，得一言輒解。在京師經營木業，開設義和木廠於東城，同業中勞資

有爭議，常被邀請爲調解人，由先生居間仲裁，雙方咸感滿意，而爭議息。

先生幼拜譚腿名家、當時人稱鐵腿秦鳳儀學武術，鍛鍊刻苦勤奮，家離師寓約十里，來去途中踢腿不停，凡數年盡得師傳。後尹福亦從秦學，二人切磋鑽研，相處頗爲投機。秦歿後，尹重拜八卦掌大師董公海川門下，後史先生知其事，亦投入董公門牆。尹因先入董門爲大弟子，馬維祺次之，先生添列第三，藝名史立卿。當時董公以拳勇顯名於京師。號稱「八卦派」，其術變化多端，尤以步法轉換莫測奇妙，譽滿九城。京師内外，及各地武術專家慕名來訪者實繁有徒，然卒未有能出其右者。肅王曾賜匾，題爲「大清一人」。學其術者，皆教以旋轉，蹲身屈腿，伸左臂，屈右臂成開弓射箭狀，向左旋轉走圓形。伸右臂，屈左臂，則向右旋轉走圓形，以其轉走狀如推磨，稱爲「磨門」。一再發展，動作成爲六十四掌，因其變化與古代哲學書《易經》八卦學說理論相近似，董公最後定名爲「八卦掌」。

先生在董公門下，學習益勤奮，苦心鑽研，行走時步型臀低於膝，不間寒暑，常練至汗出如滲，滴下粘稠如球狀，技益精進，尤擅腿法，發腿擊人，常出人意外，防不勝防。武林人士緘以「賊腿史六」譽之，師兄弟輩皆折服讚賞，董公深愛之，並收其妻爲義女。史先生謹請董公迎養到家，躬親侍奉，殷勤熱忱，情逾親婿，董公感其義，傾藝悉授之。董公逝世，先生爲之處理後事，營喪葬，立碑誌記。

先生每晨至東城腳下，以身向城壁撞擊。數十年不間斷，家藏彈弓一張，懸諸樑上，用時身取下，以彈丸擊物，發無不中，京師附近某地，強盜據山爲寨，掠奪行旅，劫財害命，地方官無法緝獲，先生應邀協助緝捕，擒獲其魁首十一人，蕩平山寨，爲民除害。清政府賞授六品頂戴，聲名大震，一日有砂手名家來訪，先生率眾弟子迎候於門，導之入室，門旁有極碑，某故眩其技，以掌撫碑，行於後者趨前亞視之，碑盡碎裂。既入，互通問候，某請較技，先生命學生楊榮本出場，楊應聲出，恭手致敬，各立門戶，某以拳進，楊稍撤避其鋒，某再進，楊擺步旋轉俯身以後蹬腿應之。某跟蹌跌出丈餘，仆倒於地。先生急命人扶起，某羞慚而去。事後見者告先生以極碑事。先生曰，砂掌等功，學以增重打擊力，以及自身可以抗痛，有其作用，若不仗技藝經用之以取勝，未必盡能如意。先生與人角賽事甚多，不勝心述。

宣統元年先生突患急症，病危時弟子伴送乘火車回原籍，當時醫藥不及現代，未能挽救逝世。無子，以兄子爲嗣，葬之日，來吊唁者數千，盛極一時，當其未病時，國人懲於外侮，武術界人士擬於天津等創武術會，以增強人民體質，挽救民族衰弱，先生爲發起人之一，參與其事，介紹其友人及門徒入會，雖因種種關係未能成立，其愛國熱忱，令人敬佩。

先生授藝，首重武德，一再諄諄教誨，要求極嚴，所傳技藝，有：八卦六十四拳掌法、腿法多種與各種器械，八卦器械刀劍俱有特點。套路名稱：指路拳、九子尋母

劍、指路劍、七星杆、粘身槍、片散流刀、指路刀。還有
雙鈎、雙戟、十三節軟鞭、駕鴦鉞、雞爪鋭、雙匕首，更
有浮地盆、砂掌諸法。北京弟子中，著名者有：韓福順
（六）、張德修（善亭）、于慶進、楊榮本、壽山等。因
先生當時住在東城，被稱爲八卦掌東城派。

　　附記：一九八八年武林第一期「武史論證欄」刊載吳
文翰稿「史立卿不是董海川弟子」。大概吳先生沒有見到
過光緒九年八位弟子所建墓碑的碑文，其署名直行二排，
右排尹福、程廷華、梁振甫、劉鳳春，左排宋永年、魏
吉、馬維祺、史立卿。這碑中署名八人，被後代稱爲八卦
掌八大弟子。若史立卿不是董公入室弟子，其他弟子豈容
他署名碑上。

　　雲南人民出版社出版的《八卦掌和八卦掌對打》一
書，蔣勛培、金汝忠演練，羅洪宣整理。該書把史計棟誤
爲施繼棟。大概韓福順文化不高，把史字誤爲施字，他那
位弟子吳峻山也就糊里糊塗傳給他的弟子，一誤再誤，錯
到書上。查冀縣小寨村只有姓史的，沒有姓施的。還有舊
社會師徒關係非常嚴格，拜師要行跪拜禮，呈門生帖才是
正式門生，不是教了他就是正式門生。董公老年住在史先
生家中，見徒孫韓六鍛鍊，經常指點糾正是可能的，但不
發生師徒關係，也有師兄代師傳教的，他們的關係仍是師
兄弟關係。

五、鬢霜未知老將至 夕陽猶能映晚霞
——記武當史式八卦掌第三代傳人狄兆龍
高 飛

俗話說，人生七十古來稀。然而，當我們見到武當史式八卦掌第四代傳人、著名武術家狄兆龍時，這位已年逾87歲高齡的老人，一點也看不出龍鍾之態。他鶴髮童顏，耳聰目明，步履矯健，聲若洪鐘。齊胸的銀髯，悠然飄然，大有「黃昏不足道，夕陽無限好」之慨。

1991年4月，狄老應武當山武當拳法研究會之邀，來到武當山下傳授八卦拳術。狄老為當今武術界一代大師，幾十年來，為繼承和傳播中國傳統武術文化，不辭艱辛，遍歷名山大川，拜訪高人逸士，練就一身內家絕技，早在30年代晚期就名震大上海。1991年4月15日，在丹江口市武當武術培訓班開學典禮上，狄老又振雄風，表演了八卦掌、八卦劍、八卦槍等功夫。他精神抖擻，滿面春風，移步換掌，動靜咸宜，吞吐開合，剛柔相濟，矯若游龍，行若猛虎，招招式式，都顯示著狄老非凡的功底。一路拳下來，面不改色，氣不粗滯，泰然祥和，觀者無不咂舌稱讚，嘆為觀止。

常言道，名師出高徒。狄老之所以有如此深厚功底，除了他幾十年來孜孜不倦的砥礪，與他深得名師大家的真傳是分不開的。武林中有句話叫「練功十年不如名師一點，確非戲言。要想練出一手絕活，沒有名師點化，實難

達入純境，然名師只可遇而實難求。1909年8月6日，這本
是一個吉祥安泰的日子，可降生在大清王朝末代皇帝宣統
登基之年的狄兆龍，上帝賜給他的人生卻是不圓滿的，先
天性的貧血和缺乳，使這個脆弱的生命，隨時都面臨著夭
折的威脅。爲了使這個用幾根骨骼和一張薄皮支撐的生命
存在下去，12歲那年，父母不得不把狄兆龍送給一位拳
師，這便是狄兆龍的第一位武術啓蒙老師張鳳祥。一晃幾
年過去了，張鳳祥看到狄兆龍已打好基本功，須進一步深
造，便忍痛讓他到大上海去尋求高師。狄兆龍不負師望，
16歲時，便離開了世世代代生活的那座江南古老的小鎮，
隻身獨闖上海灘，得遇太極拳一代名師褚桂亭大師，隨拜
在褚桂亭門下習楊式太極拳。

狄兆龍自此練功更加勤奮，每日聞雞起舞。刻苦練功
的精神深得褚桂亭首肯，傳拳之餘，授以醫藥秘方。兩年
後，狄兆龍在褚桂亭大師的引薦下又拜一代太極拳宗師孫
祿堂爲師，習孫式太極拳和八卦掌。由於狄兆龍功底紮
實，勤學苦練，經過幾番風雨，功夫日益精進，一時名揚
上海灘，成爲孫祿堂得意門生。

天造奇緣。1933年的一天，狄兆龍途經江蘇宜興，見
到一位行腳僧人，武功甚是了得，上前恭問，竟是武當派
八卦掌宗師董海川嫡傳第三代傳人楊榮本，法名福源大
師。關於福源大師，狄兆龍在武林中早有耳聞，因爲福源
大師的師父史立卿便是董海川的弟子和乾女婿，今得以邂
逅相遇，眞乃大喜過望，便拜福源爲師，習練武當內家八
卦掌術，朝夕相伴，經年不輟。八年之後，福源見狄兆龍

已盡得八卦掌衣鉢，且有過之而無不及，方師徒離別，屈指數來，恍然已半個多世紀了。

談到這裡，狄老不無感慨地說：「武術是『苦』術啊！」是的，武術作爲一種綜合性的技擊養生術，絕非一朝一夕所能學會、所能練好的，沒有畢生的追求，急功近利，是練不出功夫的，更談不上得其神髓。常言道：「板凳要坐十年冷。」這雖然講的是著書立說、作學問者要經一番博覽群書、潛入苦研、水滴石穿的過程，卻同樣適合於練武術。作爲一個練武之人沒有甘於寂寞、耐得寂寞、一步一個腳印踏實地苦練基本功的精神，想練好功夫只能是天方夜譚。因爲武術中的一招一式，一舉手，一投足，都是要認眞對待的，至於要練幾手絕招，更需要下幾番苦功夫不可！

「三年成型，五年成才，八年成器」，這是一個運動員成長的一般規律，對於一個有志於繼承武術的人來說，或許需要更長的時間。狄老談到高興處，有時站起身來在房間裡邊表演邊解釋，那樣耐心，那樣細緻，那樣認眞！狄老不僅功夫深湛，學識淵博，而且武德高尙胸懷曠達。新中國成立後，狄老以行醫爲業，但從未丟棄武術，業餘時間，潛心於武術理論的研究，在武術理論研究領域特別是八卦掌拳術方面他有其獨特的見解。

狄老告訴我說：八卦掌屬武當內家拳法，在其運拳運動中，上肢全部採用掌形，基本的有八掌，也叫八大母掌，一單換掌，二走身掌，三轉身掌，四背身掌，五回頭掌，六挑勾掌，七探掌，八翻身掌。每一母掌中又包含八

個子掌，有前後左右、東南西北、裡外上下穿插運行，合
《周易》卦象之位，故取名八卦掌。其特點是掌法和步法
結合變換，又以擺步為主，沿圓圈走轉，身隨步走，步因
掌變，環環相扣，變化多端，渾然一氣。當受強敵圍攻之
時，可穿行於眾敵之間，自由周旋。它的基本動作有托、
推、領、穿、截、擰、翻、搬、攔、帶、走、纏等。

　　狄老認為，練八卦掌的好處主要表現在，八卦掌動中
有靜，靜中有動，動靜結合，與太極拳有異曲同工之妙。
堅持不懈，鍛鍊得法，可以強身健體，益壽延年，防止一
些慢性疾病，如關節炎、肩肘炎、胃下垂及哮喘病等。其
次，八卦掌技擊性強，有防身護體之功效。

　　八卦掌強調「避其動而取其靜，以靜制動」，處處可
以體現出「攻中寓化，化中有攻」，故八卦掌術有「拳打
不知，腳踢不防」之美譽。

　　莫道桑榆晚，為霞尚滿天。七〇年代末八〇年代初，
隨著我國武術事業的蓬勃興起，狄老應各地武術團體和愛
好者邀請，先後到哈爾濱、大連、徐州、南京、上海、合
肥、貴陽、重慶、北京、成都、遵義、丹江口市等地義務
教授八卦拳術。如今他的一番心血，已化作遍地桃李，處
處芬芳。

　　據不完全統計，十多年來，他先後開班授課五十多
期，學員近萬名，真可謂「何方可化身千億，一樹梅花一
放翁」矣！狄老在傳授武術之餘還潛心於挖掘和整理八卦
經典，伏案走筆，著書立說，毫無保留地將平生所得傳諸
後人。他撰寫的有關八卦掌術方面的文章曾在《武當》、

《武林》等武術刊物上發表，爲中國武術理論的建設做出了巨大的貢獻，受到了廣大武術研究者和愛好者的好評。不僅如此，狄老在氣功和醫術等方面也有很深的造詣，他走到哪裡，就義務服務到哪裡。有一個從死亡線上走來的患者在贈給狄老的錦旗上寫道：「高風亮節，妙手回春。」

我們深爲狄老的精神所感動，在一次交談中，狄老爽朗地笑了笑說：「人生不得行胸懷，雖壽百歲，猶有何爲也。我還要再幹幾年，我最大的心願是把平生所得毫無保留地還給這個世界！」於是，我建議狄老把他的八卦掌及其他功法和對武術的認識、體會整理出版，狄老欣然應允，並高興地說：「這是民族文化瑰寶，不留下來失之可惜呀！」

這是多麼感人心魄的回答呵！這豈止是一位老武術家的心聲，這不正是一代老武術家的共同心願嗎？！最後衷心祝福狄老：「與天地兮同壽，與日月兮齊光！」

狄兆龍簡介

　　狄兆龍　男　江蘇溧陽縣人。生於1909年8月26日。幼時羸弱，屢遭疾病侵擾，遂由親戚介紹拜師習武，竟至疾除，體格日益強壯。由此一發而不可收，先後得從孫祿堂、褚桂亭、陳微明等先生習學八卦掌及楊式太極拳等。

　　「九・一八」事變後，得遇進關避難的福源上人，苦苦求教，從學7年，蒙賜授八卦六十四掌、指路拳、指路劍、九子尋母劍、粘身槍、七星杆、龍形雙匕首等，以及氣功、氣功推拿和治傷正骨技術。1958年和1979年，先後參加了全國武術觀摩交流大會。

　　人民共和國成立後，一直從醫。退休後在上海、南京、徐州一帶廣泛授徒。1988年組織成立史式八卦掌研究會。

　　本書是狄兆龍先生在《武當》雜誌社高飛同志大力協助下，將數十年所習八卦掌之精華進行整理，融入切身體驗，奉獻給廣大讀者的第一部武術著作。

大展出版社有限公司　圖書目錄

地址：台北市北投區(石牌)　　電話：(02)28236031
　　致遠一路二段 12 巷 1 號　　　　　　28236033
郵撥：0166955〜1　　　　　傳真：(02)28272069

・法律專欄連載・ 電腦編號 58

台大法學院　　　法律學系／策劃
　　　　　　　　法律服務社／編著

1. 別讓您的權利睡著了 [1]　　　　　　　200 元
2. 別讓您的權利睡著了 [2]　　　　　　　200 元

・秘傳占卜系列・ 電腦編號 14

1. 手相術　　　　　　　　淺野八郎著　180 元
2. 人相術　　　　　　　　淺野八郎著　150 元
3. 西洋占星術　　　　　　淺野八郎著　180 元
4. 中國神奇占卜　　　　　淺野八郎著　150 元
5. 夢判斷　　　　　　　　淺野八郎著　150 元
6. 前世、來世占卜　　　　淺野八郎著　150 元
7. 法國式血型學　　　　　淺野八郎著　150 元
8. 靈感、符咒學　　　　　淺野八郎著　150 元
9. 紙牌占卜學　　　　　　淺野八郎著　150 元
10. ESP 超能力占卜　　　　淺野八郎著　150 元
11. 猶太數的秘術　　　　　淺野八郎著　150 元
12. 新心理測驗　　　　　　淺野八郎著　160 元
13. 塔羅牌預言秘法　　　　淺野八郎著　200 元

・趣味心理講座・ 電腦編號 15

1. 性格測驗① 探索男與女　淺野八郎著　140 元
2. 性格測驗② 透視人心奧秘　淺野八郎著　140 元
3. 性格測驗③ 發現陌生的自己　淺野八郎著　140 元
4. 性格測驗④ 發現你的真面目　淺野八郎著　140 元
5. 性格測驗⑤ 讓你們吃驚　淺野八郎著　140 元
6. 性格測驗⑥ 洞穿心理盲點　淺野八郎著　140 元
7. 性格測驗⑦ 探索對方心理　淺野八郎著　140 元
8. 性格測驗⑧ 由吃認識自己　淺野八郎著　160 元
9. 性格測驗⑨ 戀愛知多少　淺野八郎著　160 元
10. 性格測驗⑩ 由裝扮瞭解人心　淺野八郎著　160 元

37.	生男生女控制術	中垣勝裕著	220元
38.	使妳的肌膚更亮麗	楊　皓編著	170元
39.	臉部輪廓變美	芝崎義夫著	180元
40.	斑點、皺紋自己治療	高須克彌著	180元
41.	面皰自己治療	伊藤雄康著	180元
42.	隨心所欲瘦身冥想法	原久子著	180元
43.	胎兒革命	鈴木丈織著	180元
44.	NS磁氣平衡法塑造窈窕奇蹟	古屋和江著	180元
45.	享瘦從腳開始	山田陽子著	180元
46.	小改變瘦4公斤	宮本裕子著	180元
47.	軟管減肥瘦身	高橋輝男著	180元
48.	海藻精神秘美容法	劉名揚編著	180元
49.	肌膚保養與脫毛	鈴木真理著	180元
50.	10天減肥3公斤	彤雲編輯組	180元
51.	穿出自己的品味	西村玲子著	280元

・青春天地・ 電腦編號 17

1.	A血型與星座	柯素娥編譯	160元
2.	B血型與星座	柯素娥編譯	160元
3.	O血型與星座	柯素娥編譯	160元
4.	AB血型與星座	柯素娥編譯	120元
5.	青春期性教室	呂貴嵐編譯	130元
6.	事半功倍讀書法	王毅希編譯	150元
7.	難解數學破題	宋釗宜編譯	130元
9.	小論文寫作秘訣	林顯茂編譯	120元
11.	中學生野外遊戲	熊谷康編著	120元
12.	恐怖極短篇	柯素娥編譯	130元
13.	恐怖夜話	小毛驢編譯	130元
14.	恐怖幽默短篇	小毛驢編譯	120元
15.	黑色幽默短篇	小毛驢編譯	120元
16.	靈異怪談	小毛驢編譯	130元
17.	錯覺遊戲	小毛驢編著	130元
18.	整人遊戲	小毛驢編著	150元
19.	有趣的超常識	柯素娥編譯	130元
20.	哦！原來如此	林慶旺編譯	130元
21.	趣味競賽100種	劉名揚編譯	120元
22.	數學謎題入門	宋釗宜編譯	150元
23.	數學謎題解析	宋釗宜編譯	150元
24.	透視男女心理	林慶旺編譯	120元
25.	少女情懷的自白	李桂蘭編譯	120元
26.	由兄弟姊妹看命運	李玉瓊編譯	130元
27.	趣味的科學魔術	林慶旺編譯	150元
28.	趣味的心理實驗室	李燕玲編譯	150元

74.	認識中藥	松下一成著	180元
75.	認識氣的科學	佐佐木茂美著	180元
76.	我戰勝了癌症	安田伸著	180元
77.	斑點是身心的危險信號	中野進著	180元
78.	艾波拉病毒大震撼	玉川重德著	180元
79.	重新還我黑髮	桑名隆一郎著	180元
80.	身體節律與健康	林博史著	180元
81.	生薑治萬病	石原結實著	180元
82.	靈芝治百病	陳瑞東著	180元
83.	木炭驚人的威力	大槻彰著	200元
84.	認識活性氧	井土貴司著	180元
85.	深海鮫治百病	廖玉山編著	180元
86.	神奇的蜂王乳	井上丹治著	180元
87.	卡拉OK健腦法	東潔著	180元
88.	卡拉OK健康法	福田伴男著	180元
89.	醫藥與生活㈡	鄭炳全著	200元
90.	洋蔥治百病	宮尾興平著	180元
91.	年輕10歲快步健康法	石塚忠雄著	180元
92.	石榴的驚人神效	岡本順子著	180元
93.	飲料健康法	白鳥早奈英著	180元

·實用女性學講座· 電腦編號 19

1.	解讀女性內心世界	島田一男著	150元
2.	塑造成熟的女性	島田一男著	150元
3.	女性整體裝扮學	黃靜香編著	180元
4.	女性應對禮儀	黃靜香編著	180元
5.	女性婚前必修	小野十傳著	200元
6.	徹底瞭解女人	田口二州著	180元
7.	拆穿女性謊言88招	島田一男著	200元
8.	解讀女人心	島田一男著	200元
9.	俘獲女性絕招	志賀貢著	200元
10.	愛情的壓力解套	中村理英子著	200元

·校園系列· 電腦編號 20

1.	讀書集中術	多湖輝著	150元
2.	應考的訣竅	多湖輝著	150元
3.	輕鬆讀書贏得聯考	多湖輝著	150元
4.	讀書記憶秘訣	多湖輝著	150元
5.	視力恢復！超速讀術	江錦雲譯	180元
6.	讀書36計	黃柏松編著	180元
7.	驚人的速讀術	鐘文訓編著	170元

8. 學生課業輔導良方	多湖輝著	180元
9. 超速讀超記憶法	廖松濤編著	180元
10. 速算解題技巧	宋釗宜編著	200元
11. 看圖學英文	陳炳崑編著	200元
12. 讓孩子最喜歡數學	沈永嘉譯	180元

·實用心理學講座· 電腦編號21

1. 拆穿欺騙伎倆	多湖輝著	140元
2. 創造好構想	多湖輝著	140元
3. 面對面心理術	多湖輝著	160元
4. 偽裝心理術	多湖輝著	140元
5. 透視人性弱點	多湖輝著	140元
6. 自我表現術	多湖輝著	180元
7. 不可思議的人性心理	多湖輝著	180元
8. 催眠術入門	多湖輝著	150元
9. 責罵部屬的藝術	多湖輝著	150元
10. 精神力	多湖輝著	150元
11. 厚黑說服術	多湖輝著	150元
12. 集中力	多湖輝著	150元
13. 構想力	多湖輝著	150元
14. 深層心理術	多湖輝著	160元
15. 深層語言術	多湖輝著	160元
16. 深層說服術	多湖輝著	180元
17. 掌握潛在心理	多湖輝著	160元
18. 洞悉心理陷阱	多湖輝著	180元
19. 解讀金錢心理	多湖輝著	180元
20. 拆穿語言圈套	多湖輝著	180元
21. 語言的內心玄機	多湖輝著	180元
22. 積極力	多湖輝著	180元

·超現實心理講座· 電腦編號22

1. 超意識覺醒法	詹蔚芬編譯	130元
2. 護摩秘法與人生	劉名揚編譯	130元
3. 秘法！超級仙術入門	陸明譯	150元
4. 給地球人的訊息	柯素娥編著	150元
5. 密教的神通力	劉名揚編著	130元
6. 神秘奇妙的世界	平川陽一著	180元
7. 地球文明的超革命	吳秋嬌譯	200元
8. 力量石的秘密	吳秋嬌譯	180元
9. 超能力的靈異世界	馬小莉譯	200元
10. 逃離地球毀滅的命運	吳秋嬌譯	200元

·養生保健· 電腦編號 23

·銀髮族智慧學· 電腦編號 28

1.	銀髮六十樂逍遙	多湖輝著	170 元
2.	人生六十反年輕	多湖輝著	170 元
3.	六十歲的決斷	多湖輝著	170 元
4.	銀髮族健身指南	孫瑞台編著	250 元

·飲 食 保 健· 電腦編號 29

1.	自己製作健康茶	大海淳著	220 元
2.	好吃、具藥效茶料理	德永睦子著	220 元
3.	改善慢性病健康藥草茶	吳秋嬌譯	200 元
4.	藥酒與健康果菜汁	成玉編著	250 元
5.	家庭保健養生湯	馬汴梁編著	220 元
6.	降低膽固醇的飲食	早川和志著	200 元
7.	女性癌症的飲食	女子營養大學	280 元
8.	痛風者的飲食	女子營養大學	280 元
9.	貧血者的飲食	女子營養大學	280 元
10.	高脂血症者的飲食	女子營養大學	280 元
11.	男性癌症的飲食	女子營養大學	280 元
12.	過敏者的飲食	女子營養大學	280 元
13.	心臟病的飲食	女子營養大學	280 元
14.	滋陰壯陽的飲食	王增著	220 元

·家庭醫學保健· 電腦編號 30

1.	女性醫學大全	雨森良彥著	380 元
2.	初為人父育兒寶典	小瀧周曹著	220 元
3.	性活力強健法	相建華著	220 元
4.	30 歲以上的懷孕與生產	李芳黛編著	220 元
5.	舒適的女性更年期	野末悅子著	200 元
6.	夫妻前戲的技巧	笠井寬司著	200 元
7.	病理足穴按摩	金慧明著	220 元
8.	爸爸的更年期	河野孝旺著	200 元
9.	橡皮帶健康法	山田晶著	180 元
10.	三十三天健美減肥	相建華等著	180 元
11.	男性健美入門	孫玉祿編著	180 元
12.	強化肝臟秘訣	主婦の友社編	200 元
13.	了解藥物副作用	張果馨譯	200 元
14.	女性醫學小百科	松山榮吉著	200 元
15.	左轉健康法	龜田修等著	200 元
16.	實用天然藥物	鄭炳全編著	260 元
17.	神秘無痛平衡療法	林宗駛著	180 元

・超經營新智慧・電腦編號 31

・心　靈　雅　集・電腦編號 00

・經營管理・電腦編號 01

·處世智慧· 電腦編號 03

・健 康 與 美 容・ 電腦編號 04

·家 庭／生 活· 電腦編號 05

75. 自製家庭食品	鐘文訓編譯	200元
76. 仙道帝王招財術	廖玉山譯	130元
77. 「氣」的蓄財術	劉名揚譯	130元
78. 佛教健康法入門	劉名揚譯	130元
79. 男女健康醫學	郭汝蘭譯	150元
80. 成功的果樹培育法	張煌編譯	130元
81. 實用家庭菜園	孔翔儀編譯	130元
82. 氣與中國飲食法	柯素娥編譯	130元
83. 世界生活趣譚	林其英著	160元
84. 胎教二八〇天	鄭淑美譯	220元
85. 酒自己動手釀	柯素娥編著	160元
86. 自己動「手」健康法	劉雪卿譯	160元
87. 香味活用法	森田洋子著	160元
88. 寰宇趣聞搜奇	林其英著	200元
89. 手指回旋健康法	栗田昌裕著	200元
90. 家庭巧妙收藏	蘇秀玉譯	200元
91. 餐桌禮儀入門	風間璋子著	200元
92. 住宅設計要訣	吉田春美著	200元

·命理與預言· 電腦編號 06

1. 12星座算命術	訪星珠著	200元
2. 中國式面相學入門	蕭京凌編著	180元
3. 圖解命運學	陸明編著	200元
4. 中國秘傳面相術	陳炳崑編著	180元
5. 13星座占星術	馬克·矢崎著	200元
6. 命名彙典	水雲居士編著	180元
7. 簡明紫微斗術命運學	唐龍編著	220元
8. 住宅風水吉凶判斷法	琪輝編譯	180元
9. 鬼谷算命秘術	鬼谷子著	200元
10. 密教開運咒法	中岡俊哉著	250元
11. 女性星魂術	岩滿羅門著	200元
12. 簡明四柱推命學	李常傳編譯	150元
13. 手相鑑定奧秘	高山東明著	200元
14. 簡易精確手相	高山東明著	200元
15. 13星座戀愛占卜	彤雲編譯組	200元
16. 女巫的咒法	柯素娥譯	230元
17. 六星命運占卜學	馬文莉編著	230元
18. 樸克牌占卜入門	王家成譯	100元
19. A血型與十二生肖	鄒雲英編譯	90元
20. B血型與十二生肖	鄒雲英編譯	90元
21. O血型與十二生肖	鄒雲英編譯	100元
22. AB血型與十二生肖	鄒雲英編譯	90元
23. 筆跡占卜學	周子敬著	220元

‧教養特輯‧ 電腦編號 07

・消 遣 特 輯・電腦編號 08

國家圖書館出版品預行編目資料

秘傳武當八卦掌/狄兆龍、高　飛編著
──初版，──臺北市，大展，民87
面；21公分，──（武術特輯；20）
ISBN 957-557-864-3（平裝）

1.拳術－中國
528.972　　　　　　　　　　　　　　　87011251

行政院新聞局局版臺陸字第100955號核准
北京人民體育出版社授權中文繁體字版

秘傳武當八卦掌　　　　ISBN 957-557-864-3

編 著 者/ 狄兆龍、高　飛
發 行 人/ 蔡　森　明
出 版 者/ 大展出版社有限公司
社　　址/ 台北市北投區（石牌）致遠一路2段12巷1號
電　　話/ （02）28236031·28236033
傳　　真/ （02）28272069
郵政劃撥/ 0166955-1
登 記 證/ 局版臺業字第2171號
承 印 者/ 國順圖書印刷公司
裝　　訂/ 嶸興裝訂有限公司
排 版 者/ 弘益電腦排版有限公司
電　　話/ （02）27112792·27403609
初　　版/ 1998年（民87年）10月

定　價/ 250元